"PGG"
学本课堂实施
与学生学习力培养案例

陈君　主编

西南大学出版社
国家一级出版社　全国百佳图书出版单位

图书在版编目(CIP)数据

"PGG"学本课堂实施与学生学习力培养案例/陈君主编. -- 重庆：西南大学出版社，2022.8
ISBN 978-7-5697-1463-0

Ⅰ.①P… Ⅱ.①陈… Ⅲ.①课堂教学－教学研究－中学 Ⅳ.①G632.421

中国版本图书馆CIP数据核字(2022)第133888号

"PGG"学本课堂实施与学生学习力培养案例
"PGG"XUEBEN KETANG SHISHI YU XUESHENG XUEXILI PEIYANG ANLI

陈君　主编

责任编辑	于诗琦
责任校对	张　昊
装帧设计	尹　恒
照　　排	张　祥
出版发行	西南大学出版社（原西南师范大学出版社）
地　　址	重庆市北碚区天生路2号
邮　　编	400715
电　　话	023-68868624
经　　销	新华书店
印　　刷	重庆市国丰印务有限责任公司
幅面尺寸	170mm×240mm
印　　张	10
字　　数	168千字
版　　次	2022年8月　第1版
印　　次	2022年8月　第1次印刷
书　　号	ISBN 978-7-5697-1463-0
定　　价	68.00元

前 言

点燃生命之光,赋能幸福人生

曲靖市麒麟高级中学位于彩云之南,珠江之源,曲靖历史悠久,爨文化源远流长。"麒麟者,仁兽也。牡曰麒,牝曰麟。"麒麟成为盛世、吉祥、和平、长寿的象征。麒麟高中始建于2006年,历时14年的奋斗,已经形成了独特的"靖教育"学校文化。自2019年以来,麒麟高中以习近平新时代中国特色社会主义思想为指导,大胆创新,锐意改革,结合学校实际,进一步发展素质教育,推动高中课程改革,践行"课堂革命"。在中国教育科学研究院韩立福教授的智慧引领下,积极创建以学习者学习为中心的学本课堂。以立德树人为首,以课堂改革为中心,以发展核心素养为目标,创新教育科研,探索综合素质评价。经过两年多的探索和实践,取得了一系列教育改革成就。

一、以"三治管理"为途径,实现立德树人全程化、团队化、情感化

党的十八大报告指出:"把立德树人作为教育的根本任务,培养德智体美全面发展的社会主义建设者和接班人。"首次把立德树人确立为教育的根本任务。麒麟高中以"三治管理"为途径,把立德树人贯穿于学生学习生活的全过程,并创新性地将立德树人引入团队建设中,大胆创新原来的主题班会,让每位班主任上好"情感发展体验课",取得了十分理想的效果。主要采取了以下有效措施:

(一)实施全程化的"三治管理"

"三治管理"是指在小组合作团队学习机制下引导学生实现自治、组治、班治。每个班级都创建小组合作团队学习机制,班级管理走向双元(学术和行政)管理体系,其中行政体系是由班长和小组长构成,负责"认真学"的保障体

系。这个体系的主要职责是研究学习态度、学习情感、学习动力、学习意志、学习方法、学习习惯、学习表现等。首先是让学生进行自我管理和自我评价,实现"自治";其次是实施小组德育承包化管理,要求小组长全面负责本组的德育行为,发现问题及时指导和解决,实现"组治",将解决不了的问题记录下来,提交全班行政团队会议来解决;最后由班长组织召开全班行政团队会议,与班主任一起解决各组存在的德育问题,通过全班行政团队会议来实现"班治"。通过"三治管理",使立德树人实现全程化、全员化。

(二)立德树人渗透进学科教学中,发挥学科德育的积极作用

引导每位教师向学科教学渗透立德树人,首先,在备课过程中,要注重"情感、态度、价值观"的目标研究,深挖学科内容中蕴含的德育要素、情感价值、生活意义。学校通过这一目标的创新性研究,让学生喜欢本学科的学习,形成科学的价值观,使立德树人教育取得"润物细无声"的效果;其次,学科教师在课堂教学中,结合学科知识,传递科学的人生观、世界观、价值观,帮助学生辨别是非,树立社会主义核心价值观;再次,教师在课外拓展活动中,应组织学生开展多元化的立德树人活动,通过活动使学生道德水平显著提升。

(三)创新主题班会,上好情感育人的"情感发展体验课"

班主任教师在课前做好充分的准备工作,首先,明确目标、选定主题、进行结构化过程设计,预设班级存在的所要解决的问题;其次,班主任要收集与主题相关的视频、材料、故事,同时要求学生收集;再次,班主任让学生准备正面、反面案例表演,收集班级生活中的不文明言行和故事;最后,班主任在课后要收集学生展示过的各种资料。通过创新主题班会,师生情感得到升华,认识得到提升,反思更加深刻,心理更加健康,品质更加优秀,不仅使综合素质得到提升,同时相关知识能力也得到发展。这体现了情感性和发展性,立德树人走进学生的心灵。

二、以"PGG"学本模式为指南,实现课堂改革内涵化、规范化、制度化

课堂改革是提高教育质量的关键,是改变教师行为的行动指南。2019年7月开始,麒麟高中加大课堂改革力度,在中国教育科学研究院韩立福教授

亲自指导下,根据"学本课堂原理",结合学校教育教学实际,建构了麒麟高中"启潜·导学·团队"(PGG)学本课堂学习模式。模式框架见下图:

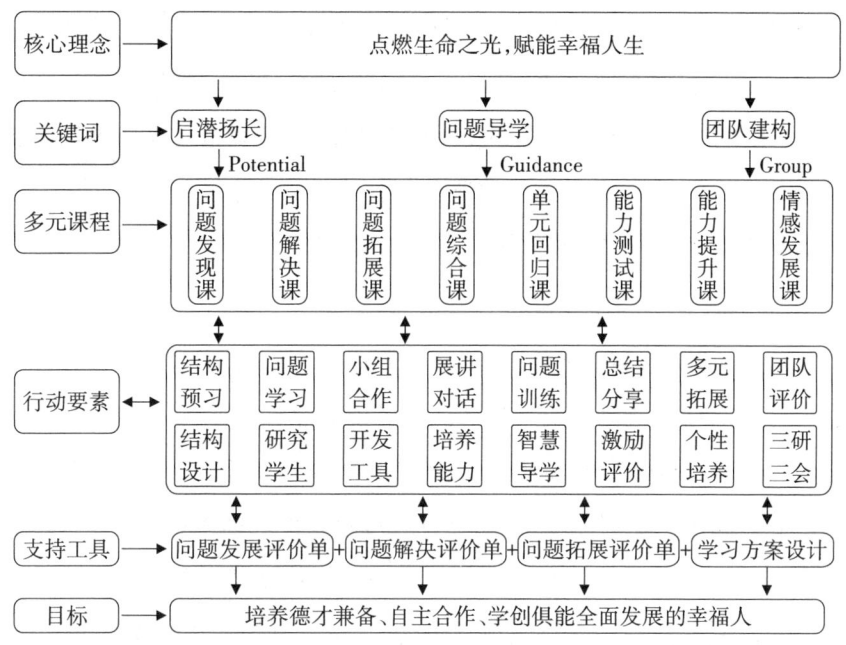

图1 麒麟高中"启潜·导学·团队"(PGG)学本课堂学习模式框架

麒麟高中的"启潜·导学·团队"(PGG)学本课堂学习模式采用先学后导、问题解决,师生共同以问题学习为主线,围绕问题开展自主合作探究学习,单位时间内解决问题,实现学习目标的课堂活动,学习者之间通过合作探究、展讲对话、思维训练来构建知识、丰富情感、培养能力。"PGG"学本课堂是灵动的,让学生生命舒展、绽放,做自信豪迈的中国少年,培养德才兼备、自主合作、学创俱能全面发展的幸福人。

(一)专家高端引领,提供妙招和实招

麒麟高中聘请中国教育科学研究院韩立福教授为课堂教学改革首席指导专家,韩教授系统讲解学本课堂原理、方法、策略和操作技术,给麒麟高中送来十分珍贵的成功经验和创建策略,给我们一线教师提供了创建学本课堂的"妙招"和"实招"。在大师的指导下,我们缩短了探究的进程,节省了时间,提高了效益,使麒麟高中的"PGG"学本课堂注入了内涵,提升了品质。

(二)创新培训方法,对话体验增效益

实现课堂教学改革,最主要的是转变教师的教学观念和教学行为。麒麟高中在学本课堂专家团队引领下,大胆创新教师培训方法和方式,将传统的讲授式、说教式培训改为体验式培训和教育工作坊培训,让学科教师当"学生",学本专家和校长当"老师",按照每一种课型流程、导学方法逐一进行体验学习。通过体验式培训,广大学科教师亲身参与课型操作过程,体会真切,感受深刻,收到了十分理想的培训效果,大大地提高了培训效率。

(三)全面建章立制,规范行为标准化

课堂教学改革是一个系统化、持续化的社会工程,需要持续开展才能取得理想成效。于是,麒麟高中成立学本课堂评价标准研发小组,在学本课堂专家团队指导下与研发小组成员共同研制了《"PGG"学本课堂评课指标体系》《小组合作团队学习评价指标体系》《结构化预习质量评价指标体系》《学本课堂走班观课评价指标体系》等十余种指标体系。各年级组和教学管理部门成立相应的评价制度,严格按这些标准进行评价,使学本课堂操作进一步规范、科学和有效。

三、以"核心素养"为目标,实现学习能力培养的素质化、个性化、多元化

如何培育学生的核心素养,是每一所学校都十分关注的难点问题。麒麟高中在深化课堂革命,创建学本课堂的过程中,系统而具体地培养学生的新学习能力,具体是指结构化预习能力、自主独立学习能力、小组讨论学习能力、展示对话学习能力、问题生成学习能力、工具训练学习能力、高级思维学习能力、多元归纳学习能力、回归评价学习能力和团队评价学习能力(韩立福教授提出)。

(一)面向全体,培养能力,实现了减负提质

麒麟高中组织学科教师开展新学习能力"三级"培训活动,学校层面组织一级培训,对学科中心主任和备课组长组织培训;二级培训是备课组长对本组学科教师进行系统的操作培训;三级培训是学科教师对任教班级学生进行全

员培训。让学生人人过关,做到会结构化预习、会自主学习、会小组讨论、会展示对话、会问题训练、会生成问题、会回归评价、会多元建构、会团队评价。由于学生掌握了新的学习方法,培养了学习能力,因此各阶段的学习效率明显提升了,学习负担也就减轻了。同学们深切地感受到新学习能力就是终身学习能力。

(二)渗透学科,能力整合,培育了核心素养

各年级备课组结合学科特点,以组为单位组织系统化学习,结合本学科如何指导学生学会十大学习方法,如何培养十大学习能力,开展专题研讨会。组织本备课组成员开展建构式培训、体验式培训,做到人人过关。将新十大新学习能力培养与核心素养的三大方面、六大要素、十八个基本点进行有机结合,通过课前的结构化预习能力来培养学生的核心素养;通过课中的自主独立学习能力、小组讨论学习能力、展示对话学习能力、工具训练学习能力、高级思维学习能力来培养课中的学生核心素养;通过课后的回归评价学习能力、团队评价学习能力来培养课后的学生核心素养。结合学科内容特点,将新学习能力整合使用到每一学科学习中,有效地培育了学生的核心素养。

(三)能力评选,激励机制,促进了能力发展

为了全面提升学生新学习能力和学习质量,麒麟高中组织系统检查和评比新学习能力培训效果,制定了学科教师指导标准和学生合格标准,对表现突出的学生给予表彰和激励。对于学生而言,针对每一项学习能力都设置了个体卓越奖、优秀奖;对小组团队而言,设置了团队卓越奖、优秀奖。定期和不定期的表彰和激励,极大地调动了广大学生的积极性和主动性,大面积提升了学生的新学习能力,从而全面促进了学生学习能力的提升和素质发展。

四、以"三研两会"为载体,实现促进教师发展的专业化、常态化、学术化

随着学本课堂推进的不断深入,麒麟高中开始探索如何建立与之相适应的学本导研体系,在中国教育科学研究院韩立福教授的学本专家团队的指导下,构建了"三研两会"学本导研体系,为高质量实施"PGG"学本课堂建好"加油站"。"三研两会"即学本教研的简称,指以学习者学习为重心的教学研究活动,具体包括新校本教研、组本教研、团本教研、学科团队会议和行政团队会议等五个活动。"三研两会"发挥"加油站"的功能和作用,激发了师生学习、工作的积极性、主动性和能动性,激活了师生生命活力,让师生全身心投入高质量的学本课堂创建活动中。

(一)顶层设计,做好规划,制订计划

学校层面组织全体教师系统学习"学本导研"理论与方法,全面提升认识,掌握操作技术。将"三研两会"学本导研活动具体分配给学科中心、年级组、备课组和各位班主任,在学校层面做好实施方案和规划,具体规划到日期、地点和主持人。由于做到了系统性的规划和设计,明确了目标和任务,因此为提升"三研两会"质量提供了保障。

(二)全校统筹,年级负责,科学实施

为了保障活动效果,学校层面创新管理机制,实行年级负责,在制度和政策上保障时间和经费。每项活动都要落实责任人,规范使用相关表格,建立健全活动档案。教研室、学科中心每月组织两次学校层面的新校本导研活动,每个备课组每周召开一次组本导研活动,每个班的班主任组织全班任课教师每两周召开一次团本导研活动,每位班主任每周召开一次行政团队会,每位任课教师每周召开一次学科团队会。尤其是各备课组通过组本导研活动,有效地提升了教师的学科素养和研究能力。

(三)定期评价,检查督导,激励表彰

为了提升"三研两会"活动质量,麒麟高中组织专业人员精心设计和研发了《新校本教研活动评价标准体系》《组本教研活动评价标准体系》《团本教研活动评价标准体系》《行政团会评价标准体系》和《学科团会评价标准体系》。学校层面组织相关人员开展定期或不定期检查活动,建立健全表彰激励机制,对活动效果好的集体和个体给予激励表彰,从而激发了广大教师参与"三研两会"活动的热情和主观能动性,同时,规范了活动行为,使麒麟高中新型教研活动走向了规范化、制度化、常态化。

五、以"学科文件夹"建设为过程,探究综合素质评价的科学性、有效性、发展性

为了深入探究综合素质评价的科学性、有效性和发展性,麒麟高中以"学科文件夹"建设为突破口,开始研究如何开展学生综合素质评价,尤其是在"学业水平"评价方面取得了突破性进展方面。我们认为实施学科学习文件夹管理对学生学业水平管理进行量化评价和质性评价,是一种形成性和总结性相结合的过程性评价。这不仅提高了学生的自主学习管理能力、评价能力,还提高了学生的系统化、结构化的综合思维能力。

(一)全员培训,分级落实,科学管理

为了确保"学科文件夹"管理的科学性,我们对各年级的学科教师和班主任进行系统培训,然后班主任和学科教师对学生进行全员培训,具体指导学生、小组如何科学使用和管理。在分级培训基础上,我们又采取学科承包和小组承包制度。小组承包是指由小组内学科长负责、小组长检查,要求每位学生自行、自觉管理。由学生将自己学习过程中发生的对自己有积极影响的事件或工具,进行条理性整理后,有选择性地装入学科学习文件夹。包括学生的课前预习笔记、学习反思日记、学习总结、教师评语、学习计划、各种学习工具单、阶段性学习评价结果等。每当学完一个主题内容时,就请各位学生及时把所用的学习工具单和相关材料放在"学科学习文件夹"中。全班的学习长和学术助理要在每单元结束时检查一遍,确保学习材料的完整性,以便在单元复习时发挥应有的作用。

(二)注重细节,重视效果,学校装订

为了提高学科文件夹管理的有效性,在组织学生科学管理的基础上,组织对问题工具单上没有完成的内容进行"补白"和完善;然后,在"补白"基础上要通过多元评价,检查"三率",即完成率、正确率和会题率。为使学生养成良好的自主管理好习惯,学校设计了体现富有学校文化特色的彩色封面,到学期末时学校要统一组织各个班的学生来装订"学科学习文件夹",以便学生携带和管理时更加方便,也便于学生终身保存。其目的是体现"学习过程与方法"的课程目标,同时让学生学会尊重自己的智力劳动,在评价过程中体验成功的快乐。

(三)制定标准,等级评价,展示成果

麒麟高中建立了"学科学习文件夹"的多元评价机制,制定了"学科文件夹"评价标准。首先,在每学期末的规定时间点上根据评价标准落实评价任务,实施自我、同伴、学科长、学术助理、学习长和教师评价等多元评价,评选出"学科文件夹"等级。然后,学校组织各个年级举行"学科文件夹"的展示活动,给学生搭建展示平台,让学生分小组展示自己的学习成果和经历,让学生在展示过程中获得成功体验。通过展示和评价,广大学生充分认识到"学科文件夹"管理的现实意义和长远意义。对学生发展而言,有效地提升了学生自我管理能力、自我评价能力和综合素质评价能力。实践证明,实施"学科文件夹"管理,对学生学会自主管理,养成自我管理、自我评价的好习惯有积极意义,对今后实施学生综合素质评价有一定的价值。

麒麟高中通过近三年的改革创新,在高中教育改革与发展中取得了显著成绩。但是,与"办好人民满意的教育"还有一定的距离。面向未来,麒麟高中要进一步深化素质教育,推进课程改革,培养新时代所需的新型人才。麒麟高中将大胆创新,积极探索,不断总结经验,为推动我国基础教育改革与发展做出积极的贡献。

曲靖市麒麟高级中学书记、校长

陈君

目录 Contents

学会学习,学会做人 / 1

践行学本课堂 培育时代人才 / 3

学本课堂,成就梦想 / 5

在学本课堂中改变并成长 / 7
　　——谈实施学本课堂对学生成长和赋能幸福人生的意义和价值

跟随学本课堂,走进知识殿堂 / 10

学本课堂:我们学到了什么? / 12

学本课堂,赋能人生 / 14

学本课堂 全面提升 / 17

我们的"学本课堂" / 19

学本课堂为幸福人生着色 / 21
　　——谈实施学本课堂对学生成长和赋能幸福人生的意义价值

信心 勇气 力量 / 23
　　——我视野里的学本课堂

学本课堂,让语文课堂充满活力 / 26

我对数学课堂改变的感受 / 29

学本课堂 教学相长 / 31
　　——"学本课堂"感想

借助学本课堂 学好政治学科 / 33

学有道,思有向,为本也 / 35
　　——学本课堂心得体会

在学本课堂中蜕变 / 37

学本课堂,全能开发 / 39

"我"的课堂"我"做主 / 41
　　——学本课堂心得体会

学本课堂改革中的政治课堂 / 43

政治学本课堂改革有感 / 46

学本课堂令梦想插上翅膀 / 48

越努力,越幸运 / 50
　　——学本课堂心得体会

学本课堂,助力成长 / 52

实施学本课堂对学生的意义和价值 / 54

未来的发展,受益于学本课堂 / 57

以学本课堂为舵,以实际努力为桨 / 59

打造高效学习课堂 / 61

课堂改革让我获益匪浅 / 63

在学本课堂中学会成长 / 65

课堂的改革,人生的改变 / 67

学本课堂改变了我 / 69

学本课堂,让学生成为课堂的主人 / 71

学本课堂,让课堂更高效 / 73

学本新法创高效课堂 / 75

学本课堂下的自我成长 / 76

学本课堂,快乐课堂	/	78
践行学本课堂,建构高效课堂	/	80
学本课堂,自主的课堂	/	82
践行学本课堂,提高课堂效率	/	84
走进学本课堂,构建学习共同体	/	85
借助学本课堂,培养自主学习能力	/	87
发挥学本课堂优势,提高学习效率	/	89
自我学习能力才是最好的老师	/	91
——学本课堂心得体会		
学本课堂激发学习潜能	/	93
学本课堂让机遇与挑战并存	/	95
学本课堂,当课堂的主人	/	97
千篇一律不如万里挑一	/	98
——学本课堂学习心得体会		
以学本课堂为舞台,发展个人能力	/	100
学习学本课堂,不断改变自我	/	102
养自学之习惯,培临危不乱之气度	/	104
——浅谈对学本课堂的认识		
走进学本课堂	/	106
在学本课堂中成长	/	107
学本课堂心得体会	/	109
学本课堂,让我成为学习的主人	/	111
学本课堂的魅力	/	113
走好学本之路,通向人生幸福	/	114

学习学本课堂，全面提升能力 / 116

以教导学　还教于学　共同成长 / 118

走进学本课堂 / 119

浅谈对学本课堂的感受 / 120

学本课堂让主动学习成为常态 / 121

学本课堂　放飞梦想 / 123

学本课堂使学生成为课堂的主人 / 125

学本课堂：教育新星 / 126

学本课堂 / 127
　　　　——让学生成为课堂的主角

学本课堂，打开思维新窗口 / 129

"学本课堂"对学生的意义和价值 / 130

浅谈学本课堂 / 131

学本课堂助我展翅翱翔 / 132

"学本课堂"学习有感 / 133

教育新模式 / 135
　　　　——学本课堂

体验新型学习模式 / 137
　　　　——学本课堂有感

学本·教魂 / 139
　　　　——学本课堂的心得体会

道在日新　不新不立 / 141

创新学习，改变未来 / 143

学会学习，学会做人

2018级17班　徐文靖

　　自学本课堂实施以来，我们的积极性被充分调动起来了，课堂也变得更加生动高效了。

　　亲身实践，学会学习。陆游的诗中曾说："纸上得来终觉浅，绝知此事要躬行。"实践往往比理论更具有力量，通过实践就会享受"躬行"之乐，收获成功之悦。正如哲学上所说的："实践是检验认识真理性的唯一标准。"只有通过实践才能验证所见所闻，才能领会到理论的重要意义。学本课堂的实施，改变了以往传统的教学方式，为我们带来了实践的可能。通过课前的预习、课中的展讲、课后的复习等方式，我们带着问题学习，目标明确。我们学习的主动性提高了，而且做到了理论与实践相结合，知行合一。我们高举"实践出真知"的大旗，以"知行合一"为舵，脚踏实地，学会学习。

　　知识构建，高效学习。工具单是学本课堂的一部分，它可以检验我们的预习效果、呈现我们不懂的问题、体现我们的学习成果。工具单上的每一步都为我们的学习指明了方向，使我们的学习目标更加明确。以工具单上的知识构建为例；不论我们收获多少知识，我们最终都要形成完整的知识体系，这样才能将学过的知识点清晰地呈现，使我们遇到题目时不慌、不乱。正如政治学科哲学部分的知识点，如果我们头脑里不能清晰地分清楚它是属于辩证唯物论、辩证唯物主义认识论、唯物辩证法还是历史唯物主义，那么我们将会与此题失之交臂。因此我们要厘清知识体系，实现高效学习。

　　素质教育，共同成长。学本课堂采用"大同学"的方式，进一步拉近了我们与老师之间的距离。在学习的课堂上，我们与老师一样都是学习者，我们之间相互理解、相互促进、相互帮助……实现了真正意义上的和谐发展。身处这种和谐的学习氛围中,我们变得更加自信。在成为课堂的"主人"的同时,我们也充满了责任与担当,这为培育未来担当国家大任的新型人才奠定了基础。在"大同学"的指导下,我们的学习能力和思辨能力都有所提升。在素质教育的大背景下,我们与老师共同成长。

竞而不争,合作共赢。在现代化社会中,竞争与合作无处不在。学本课堂是一个共同学习的整体,在这个整体下的每个部分都有着共同的目标。学本课堂为我们创设了小组合作机制的平台,每个小组都有自己的组名、各科学科长、愿景、口号、组歌等。在这样的机制下,我们的团队意识和合作能力得到加强;在激烈的讨论声中,我们的思想碰撞出别样的火花;在共同的学习中,我们的进步也越来越明显……无论何时我们都需要竞争与合作,良好的竞争关系可以激发我们的斗志与潜力,充分调动我们的主动性和积极性,鞭策着我们要坚持不懈地努力,从而促进我们个人能力的提升。我们要成为全面发展、富于进取精神、善于与他人合作的国之栋梁。

践行素质教育,发展素质教育,让我们学会学习,学会做人。

践行学本课堂 培育时代人才

2018级21班 孙忆楠

我是麒麟高级中学一名高三学生,在高二伊始学校实行了学本课堂的教学模式。它适应时代发展的需要,给了我们学生更多的发挥空间,真正改变了我对教育的认识。这也成为我成长道路上重要且难忘的经历,因为它不仅仅是一次教学改革,更对老师的教育理念、学生的学习习惯,以及学生的终身发展都产生了不可预估的积极影响。

在以前的学习过程中,我们学生总是处于一个被动的状态,对学习的意义也没有一个正确的认识。在学本课堂贯彻后,虽然很多同学开始会有不适应、不习惯,毕竟这与我们之前熟悉的学习方式截然不同,但在老师悉心的导学诱思下,我们开始去接受并主动学习,确实是受益无穷。

课前自主预习,养成独立、自主、思考的好习惯。在课堂学习之前,我们就知道这一堂课要学什么、要怎么学;在课堂学习时,我们清晰地明白自己的目标和任务;在课堂学习后,我们可以对比学习目标,分析自己具体的问题,并及时和老师同学探讨解决,不会将问题遗留并堆积,也为后期复习打下坚实的基础。在我们未来的学习生活中,这样的习惯促使我们脚踏实地地走好每一步,也一定可以为我们的未来添砖加瓦。哪怕"畏途巉岩不可攀",也要"一览众山小";哪怕"无人会,登临意",也会"猛志固常在"。

课中学生为主,小组合作,老师指导。在这个过程中,老师成为"大同学",课代表成了"学术助理"。有了大同学的指导和鼓励,我们变得乐学、好学。这样的学习模式让我们学生成为课堂的主人。学术助理要提前和老师沟通,同学们要提前准备,在助理的主持下,课堂有序展开。这不仅仅锻炼了助理的能力,更让同学们大胆地发言并表达自我,能自信地走上讲台,体会语言的魅力,这也给了老师进一步了解每一个同学的机会。当然,那些内向且不愿表达自我的同学,在小组学习中,也会因为集体利益和荣誉感而站出来。我相信,将来不论是家庭生活、工作生活,还是社会生活,这种自信和合作精神一定会陪伴我们一生。

课后相互提问,自主复习,共同进步。在小组合作学习中,我们意识到了团队的力量,即使是在课后,这样的团队意识也贯穿我们的生活。我们会积极关心团队内成员;会为团队荣誉而努力;甚至有好吃的也会下意识地拿出来分享。有了这种团队意识,我们明白了小到小组、班级、年级、学校,大到社会、国家、地球,我们都是其中的一分子,我们在享受这个团队带来的权利时,也要履行自己的义务。真正做到共同进步,不落下每一个人。"浮云游子意,落日故人情",我想,不论过多久,我们都会记得那个温暖的团队。

其实大家不难发现,自始至终学本课堂都贯穿了一个词,就是"自主",因为在学习中,我们学生才是学的主体。只有真正想学、乐学,我们才能达到学习的目的,而学本课堂正给了我们这样一个机会,让我们学通、学活;同时让我们的思维不断碰撞,培育我们勇于尝试、大胆创新的信心。乘着教育改革的春风,我们大踏步地往前走,走向那一片光明的未来。

学本课堂,成就梦想

2018级04班 李瑾

首先,谨感谢将学本课堂迎进麒高的陈校长,其次感谢为了学本课堂施行顺利而兢兢业业工作的诸位老师,再次感谢学本课堂对提高同学成绩的帮助。

学校在一开始引入学本课堂的时候是存在一定阻力的,但是随着学本课堂的逐渐推进,同学们看见了学本课堂的不可或缺的独特优点。

首先,学本课堂一改教本课堂的刻板模式,课堂更加多彩,曾经被忽视的同学现在开始积极参与课堂上的讨论,这让学困生有了更多的和优秀同学交流的机会,也让学困生有了更多表现和提高自己的机会。对于优秀学生来说,这无疑是一个很好的检验自己知识掌握的机会,得到方向,查缺补漏,充实提高。

其次,学本课堂拉近了同学和同学之间的感情,也拉近了老师和学生之间的关系。学本课堂上,没有老师,只有大同学,六人小组,人人都有优势,人人都是学科长,在学习上优化整合,充分发挥以优带劣的作用,在学习的过程中地位平等。

再次,课堂氛围轻松健康,让学生发自内心地想学,爱学,最后实现学困生转化,优势互补,精益求精,凝聚班集体的力量,让"一班人不是一般人",在学习中取得突破,在考场上取得成功。

除此之外,学本课堂帮助学生养成良好的学习习惯,课前的自主预习从自愿成了必修课,三色笔的使用让学习目标更加清晰,画线法的使用不仅仅是画出主谓宾,而且是让我们在阅读和学习的过程中更好地把握住重点。就我亲身体验来说,这种方法对于文科生的学习是非常重要的,我们在学习政史地的时候常常因冗长的课文而望而生畏,现在课本变薄了,知识点学习一步到位。QA学习法也是非常重要的,QA两个小小的字母让学习事半功倍,在自主预习的过程中,是否真正掌握了知识点,一"QA"就知道。课堂上的讨论也让大家养成了不懂就问的好习惯,真正做到知其然知其所以然。

最后,我觉得学本课堂最重要的一个好处,就是对于学生的性格培养。在学本课堂上,老师讲的话少了,学生讲的话多了,人人都可以当老师,人人都可以在课堂上站起来畅所欲言。有不少学生都存在胆小、不敢大声说话、不够自信的缺点,但人生并不是一个等待机会的过程,而是一个把握机会的过程,如果因为不够自信而让今后的人生少了许多机会那是非常可惜的。而学本课堂恰恰是治疗这种缺点的一剂良药,平时许多胆小的同学,在学本课堂上开始想发言、敢发言、会发言,最后开始享受发言,亮出自己的闪光灯,让自信不断累积,最后养成性格,健全人格。

学本课堂的优点还有许多,远不是这区区几百字可以叙述完的,学本课堂造福了上一届学长学姐,也造福了这一届同学,在此诚愿陈校长以及各位老师可以更加深入地挖掘学本课堂的新模式,好让学本课堂成就更多学子,成就更多梦想!

在学本课堂中改变并成长
——谈实施学本课堂对学生成长和赋能幸福人生的意义和价值

2019级01班　刘婧梅

麒麟高级中学自2019年7月进行教学改革,启动实施学本课堂教学模式,建构了麒麟高中"启潜·导学·团队"学本课堂模式。着力改革课堂的"教"和"学",变"传统灌输"为"结构化预习",变"单打独斗"为"小组合作团队学"。经过两年的努力,学校课堂正由适应期、调整期逐渐走向规范操作,进入提质增效期。在这一过程中,让作为麒高学子的我获益匪浅。

学本·适应

鲁迅先生说:"能从原虫到人类,从野蛮到文明,就因为没有一刻不在革命。"同样地,麒麟高中要想得到更好发展,就必须进行课堂教学改革,正如校长陈君所说:"课堂教学改革是麒高发展的唯一路径。"

在麒麟高中的课堂上,以教师为主导,学生为主体,以问题为主线,课前有自主预习,课中有展示交流,课后有拓展延伸。在课前结构化预习时,通过阅读六字诀"查画写记练思",对课本进行六遍阅读,不断地熟悉课本,因为高考考点均来源于课本。课堂上,老师化身大同学与小同学共同学习,大同学创设情境,呈现目标,小同学合书完成工具单,对知识进行巩固,学术助理组织同学们讨论与展讲。这不仅展现了麒麟高中教师过硬的"教"和柔软的"育",更展现了麒麟高中学子生动的"学"和鲜活的"习"。

经过两年时间,我从最开始的极度不适应到现在的极度适应,适应结构化预习,适应工具单,适应组内讨论,适应组间展评,适应学本课堂的一切,既然它不认识我,那我主动认识它。

既然不能驾驭外界,那就驾驭自己;如果外界不适应我,那我就去适应外界。

学本·改变

学本课堂实施后,我觉得作为麒高学子是幸运的,因为我们改变了自己,我们从当初的"被迫灌输知识"变为现在的"主动学习知识";从以前的"有人参与"变为了"人人参与",人人都是学科长,人人有事做,小组团队合作学习,互利共赢。

课前、课中、课后规范操作,不断改变。课前提前完成工具单,明确学习目标与重难点问题,带着问题到课堂中,从"空心人"变为"有心人",让课堂变得更有意义。课中进行小组讨论与组间展评,让同学们有机会表达自己的想法,从之前的"把问题留给自己,把假象留给别人"变为"把问题留给别人帮助解决,把知识留给自己享受",让自己不再迷惑。课后及时完成五级评价和问题训练,巩固当堂重难点,让这些重难点不再是绊脚石。

经过两年时间,我们不断改变,我们已从最开始的排斥到现在的喜欢;从最开始的麻烦到现在的习惯;从一开始的觉得结构化预习浪费时间到现在的挤时间去超前预习;从最开始的陌生到现在的熟练。

用你的微笑去改变世界,别让世界改变了你的微笑。

学本·成长

冰心说:"成功的花,人们只惊艳她现时的明艳!然而当初她的芽儿,浸透了奋斗的泪泉,洒遍了牺牲的血雨。"学本课堂实施后,我们何尝不是这样?一点一点成长,一点一点进步,才有了今天的我们。

作为学生,在学本课堂实施后,我从当初的从不向同学问问题,变成了会利用课余时间与小组成员探讨如何写好英语作文;在组内讨论中,我懂得了兼顾他人合理关切;在组间展讲过程中,我学会了更加注重礼仪,锻炼了自己的表达能力。我从学本课堂中得到了成长。

作为英语学术助理,我的收获更大。给同学们布置任务时,我要让同学们听到我的声音,听懂我布置的任务,这就锻炼了我的表达能力;在主持课堂时,我会尽量学着用英语,模仿老师的样子下达指令,并组织同学们讨论,这些锻炼了我的管理能力和组织能力,与我未来的理想职业——英语老师很贴近,让我觉得很有意义。经过两年的历练,我得到了全面的发展,变得阳光自信、落落大方。

漫漫的成长岁月里,那些点点滴滴的细枝末节如此珍贵!

有了学本课堂,麒高学子就产生了学习的激情,并可以义无反顾地为之付出努力;在这样的过程中,才能真正体会到人生的意义。什么是人生?人生就是永不休止地奋斗!只有在学本课堂中为自己的理想奋斗,在奋斗中感到自己的努力没有虚掷,这样的生活才是充实的,精神也会永远年轻!

跟随学本课堂，走进知识殿堂

2019级01班　李文宇

　　学本课堂的仪式，让我觉得课堂很神圣，课堂的核心要义不仅仅是知识的传授，更是文化的传承和文明的传播。拥有仪式感，课堂就会产生一种暗示，让人专注于那一件事和那一刻，全情投入。

　　学本课堂的推行，让我对学政治有了更大的兴趣。学本课堂让我的思维力量凝聚于一点，有助于思考力的培养和创造力的生发，并给同学们带来精神上的裂变，提升了课堂的品质和内涵。

　　学本课堂，让同学们积极参与并思考，让同学们充分自主学习，"查、画、写、记、练、思"六步学习法，是同学们对所学内容主动建构的表现。例如：通过结构化预习，课本若保证读了六遍，政治课的课堂效率会大大提高。我对政治课本里的内容大多很熟悉，从了解最基本的含义到透彻理解知识点。师生互动，生生互动，政治老师积极引导同学，同学积极思考，给予同学们必要的合作和展示机会，使全班同学分享彼此的学习成果，活跃的课堂从完成"评价单"那刻起，就开始了。例如：政治评价单，是政治组老师们走进文本，将文本知识转化为问题，并根据学生差异和模块要求设计好的工具单。工具单开头便罗列了学习目标、重点、难点、关键问题，附有知识链接、学法指导等要点，让学生们对学习的政治内容，有一个全面的了解。政治老师引导学生规范使用工具单，进一步提升学生使用工具单的能力，达到限时训练、检测学习效果和提高工具单训练效率的目标。

　　4月24日，我校举行了"达标过关竞赛"的决赛，我们班成功夺冠，帮助政治组获得一等奖第一名的好成绩。课堂精彩纷呈、亮点突出，充分展示了学本课堂以学习者为主的内涵。钱老师与我们以问题学习为主线，围绕问题开展自主分工合作探究学习,单位时间内解决问题,有效实现了学习目标,学生们通过合作探究,展讲对话,思维训练构建了知识、丰富了情感,培养了能力,我们班学生做到了心态平和、真诚对话、合作学习。

政治老师每周组织学术助理和学科长召开一次学科团队会,旨在解决政治教与学过程中产生的问题,以激发团队潜力,提高学习效率。政治会议内容主要围绕研究学习方法,研究学困生转化,研究学习效率,培养学科长责任意识,落实到各组成员"会不会"问题。通过学科团队会议帮助待优生进步,提高政治学习力,助力提质增效。

在政治学习过程中,学生勇于提出问题,并且提出有价值的问题,充分掌握了学习的主动权。师生关系有别于传统课堂,政治老师阳光般的语言,让同学们轻松自在,营造了一个轻松和谐、民主、平等的课堂氛围,学生敢讲、想讲、能讲。在这种学习氛围里,同学们同步领悟到了学科真谛。师生共同创建小组合作团队学习机制,创建人文、自由、开放、多元、灿烂的学习氛围,让我们实现了真实、自由、自主的阳光学习。

以前上课,我很害怕回答问题,因为我害怕回答错误,被同学嘲笑,也担心回答得不完美。于是我总是缩着头,心里小鹿乱撞,生怕被老师提问,有时整节课都紧张无比。现在,学本课堂上,我有勇气、有自信、有准备。政治课上,同学们踊跃展讲,有时同学补充,有时老师补充,井然有序,学习更深入。我的能力也得到了提高,我有勇气站在全班同学面前展示自己了。我相信,将来我走上社会,这样的能力将使我受益匪浅!作为政治学科长,我的组织能力也获得了提升。进入政治一轮复习,我们使用了知会清单,对课文内容背熟记熟。然后小组讨论,我带领小组成员总结归纳,生成问题,由浅入深,讨论的问题可以是自己默不出来的,也可以是自主学习后延伸出的新问题。当堂检测完成后,小组内部积极讨论遇到的难题,算出平均分。看着小组政治成绩逐步提高,我很高兴,我的责任担当意识也增强了。我希望小组的政治学习有更大的进步!在每堂课上课前,钱老师要对学习的内容与高考对接,对高考考点进行解析,把握高考命题方向,科学有效备考,这也让我对要复习的要点高度重视。

笃信笃行,善作善成,学以致用,共同成长。

学本课堂：我们学到了什么？

2019级02班　周李烨

这里是曲靖市麒麟高级中学，我是一名普通的麒高学子，而在我刚到这里时，一场"改变传统教学方式"的改革之风正好吹进学校。于是，我们成为"学本课堂教育模式"的最大受益者。为什么说是我们是最大的受益者呢？

一、团队合作力和自主学习力的培养

还记得刚开始"学本课堂"的建设时，同学们都被各种全新的职务深深吸引，纷纷争选例如"主任助理""学术助理""学科长"这类班职。而在这两年的实践中，同学们也在几轮淘汰轮换中形成了相对高效的管理班子，每当班级遇到困难，各班干部也切实履责，形成"团队合作，共克时艰"的团队合作力。我也是一名班干部，这样一种良性合作既锻炼了我个人处理事务的能力，又增进了我与其他同学、班干部的交流，使我感触颇多。

在学本课堂建设中，另一件令人不"适应"的事便是组成学习合作小组，俗称"拼桌"。我想对于习惯了传统教学的新生而言，六人一组的配置会是一件新奇事。在小组刚创建时，面对其他五位素不相识的同学，从课堂上首次讨论时的不知所措，到成员首次展讲后其他组员赞赏的目光，无形间提升了我们的人际交往能力。与此同时，随着同学间的逐渐熟络，各小组也形成了一种"组内文化"，它也在无声地感染着组内的成员，形成一股昂扬向上的向心力。受合作中各组员的影响，自习课也摇身一变，成了组员间相互比拼竞争的"赛场"。适度的紧张气氛以及相互尊重的"对手"，使自主学习力得到了充分的培养，学习效率相较于传统课堂也有了较大提升。

二、展讲力和运用力的培养

　　小组在经过问题讨论、整合答案等若干环节后,便是小组之间问题的相互解决。高质量的问题在班级中的提出,让解答和"展讲"同学的知识得到巩固,同时解答其他同学的困惑,起到了"一举两得"的作用。而当问题在全班内都未能解决,"大同学"(教师)便为我们解答。如此一来,在经过同学们思考后的问题的解答,也加深了同学们对此知识的理解和运用。

　　学校目前"以学为本",终究是要培养出"德才兼备"的学生。正因如此,在面对考试时,同学们平时课堂中的问题便成为解决问题的"答案"和"妙招"。尤其是学本课堂对课本的结构化"六步预(复)习法"的使用,也保证了同学们对知识的记忆,并使同学们能够在考试中灵活运用。

　　以上,便是我对目前学校课改的心得与认识。我相信,麒高的学本课堂,定会培养出优秀的学子!

学本课堂，赋能人生

2019级03班　邓天材

"学本课堂"是围绕坚持以学生为学习中心，以学生为发展中心的价值取向所进行的教学改革课堂学习。我校着眼点极为精准，看到了师生间教与学的基本关系，迅速实施了"学本课堂"。学本课堂倡导"以学习者学习为本"的核心理念，目的是实现"一切为了促进学习者和谐成长、全面发展"。

一、学生成长

（一）"学本"理念

学本"即在课堂教学中以学生作为学习的主体，高度关注学生的学习状态，重在培养学生的学习品质，着力指导学生的学习方法，并以此为根本展开教学活动。"学本"模式以学生的终身发展为远景，立足于课堂教学，具有不同层次的目标。"学本"首先是以学生的知识掌握为本。其次，"学本"还要更关注促使学生掌握一定的学习方法，以学习能力的形成为本。培养学生良好的学习品质也是"学本"目标之一。最后，"学本"也要关注学生的心理发展，要引导学生正确认识世界和追求真善美的内心。

（二）培养学习能力

知识与经验的积累是活力与高效课堂的基础。学习新知，这一环节是"学本"课堂模式的高效学习的基本理念，主体是学生，方式为自主探究、合作交流、展讲质疑等，在小组合作学习前，学生自主"结构化预习"，以六字诀理念：查、画、写、记、练、思六个过程完成自我学习；在学习过程中，学生充分展示学习中的思维过程,解决问题的策略。通过小组合作、交流评价的形式让学生思维发生碰撞,让每位学生都能参与学习过程。实现学生教学生,学生与学生争辩,尽可能让学生自主发现、检验、运用知识,达到自我学习能力的提升,增强学会新知的信念,以此提高学生学习能力。

(三)知识巩固

知识巩固的过程是一个知识分层提升的过程,是知识化为能力的慢过程,是学生因为不断成功过关而信心倍增的过程。巩固过程是学生对自己的学习结果不断认可,不断反思,不断质疑,不断清晰的过程。巩固过程也是一个知识与生活交汇的过程,是学生体验学习,学以致用的过程,是学生感受世界与人生哲理的过程。巩固中要实现先练后评,给予学生充分的展示与反思机会。知识由简单的认识到内化为能力,为学生终身学习奠定基础。

二、人生赋能

(一)团队合作能力

学本课堂是学习共同体的课堂。学习共同体是一种环境,处于学习共同体的每一个个体拥有共同的目标、共同的关系、互相关心,并且有共同的情感取向和行为标准。每个团队都建立本团队的愿景、口号、公约、团歌等组织机制,逐步增强团队意识,提高合作能力。学本课堂引入合作学习、团队成长的理念,建立小组合作团队学习机制,创建学习共同体。首先是设立学科长、学术助理、学习长等新职务;其次是成立学科学习团队、行政工作团队。学科学习团队负责"学会知识",行政工作团队负责"认真学习知识"。每个团队最大限度发挥合作力、学习力。共同追求"个体学习愿景化、同伴学习合作化、小组化学习"的高效益学习机制。在小组合作团队学习机制,学习活动由单打独斗的消极学习转变为团队合作发展的积极学习,学生团队,教师团队,师生团队相互配合、相互促进、共同发展。这种真实、人文、自然的学本课堂是能够让学习者人人都灿烂、人人都成功的素质教育课堂。实现高质量的合作探究学习,实现教学质量和学习效益的最大化,最终使全体学生人人得到成功、人人分享成功快乐、人人得到不同程度的发展。

(二)领袖气度培养

在学本课堂中人人兼为学科长,起着至关重要的学科领导作用,每个人都服从学科长及小组长的管理,共同合作、学习,学本课堂式学习也为个人的成长、领袖能力的培养打下基础,从而产生自信"愈战愈勇",面对5至6人的管理也能轻松应对,学习也能跟着教学共同进步。此外,三大管理能力得以提升:一是策略,由师生开发合学型智慧导学策略;二是组织,建立小组合作学习团队;三是工具,使用问题导学型学习工具单。

(三)互帮互助、培养自信

学本课堂建立了平等合作的师生关系,学生们在互动交流、师生交往交流中找到了自尊、自信、互爱。从以前教本课堂的"闷闷不乐"、你推我让的自闭心态,转变成主动展讲、互竞共争、共同进步的良好课堂氛围。在这里没有因呵斥、惩罚、强迫等原因导致的压抑、烦躁、逃避、厌学等现象,只有因学生学会自主、合作、探究学习而产生的自信、真诚、合作、快乐。

学本课堂　全面提升

2019级03班　保佳琪

在我校实施学本课堂以来,我从个人的学习生活中已经切身体会到,学本课堂倡导的是以学习者学习为本的核心理念,目的是:实现一切为了促进学习者和谐成长,全面发展。而我在与老师,同学们的日常学习中,发现了学本课堂的以下优点。

一、提升优生能力,不放弃后进生

在学本课堂小组团队学习过程中,优生的团队学习能力得到了提升,学会了帮助同学学习及展讲。他们的交流合作的能力也有了提升。而后进生面对自身薄弱学科,也有了更多向同学学习请教的机会,在自己有问题时,学会了查缺补漏,向同学发问。学本课堂的实施既提升了优生的学习合作能力,也没有放弃后进生,实现了同学间的相互帮扶与共同进步。

二、提升学生自主学习能力

在课前,学生进行了结构化预习:查,画,写,记,练,思。这帮助了学生在上课前就了解自己的问题所在,有助于上课时更具针对性地汲取知识。而严谨认真的结构化预习亦有助于学生熟悉教材。课堂的小组展讲有助于学生培养表达能力。学生在学习中,会做的不一定会讲,但能够展讲的一定会做。以前的课堂,多数是由老师传授知识,学生是跟随着老师的脚步学习,这就会导致学生对知识理解浅薄,浮于表面,遇难则退的情况。在学本课堂实施中,学生从被动学习变为主动学习,心态有所改变,态度也更端正了。而在认真结构化预习的条件下,高效的小组讨论与展讲亦是对知识的良好巩固,既可以加强知识记忆,又可以帮助学生加深知识点的掌握程度。

三、提高课堂效率

与传统课堂相比,学本课堂更突出的优点在于把课堂从老师的手中交给学生。学生可以结合各种各样的工具单,将自己的问题综合发现;而老师也可以就此提高课堂效率,不再像传统课堂那样,什么都讲,什么都耗费时间。可以把更多的时间留出来去解决学生们的主要问题,或者去一对一地帮助学生排疑解难。而在展讲过程中,学生可质疑和补充,这也有助于深挖问题与知识点。

四、培养领袖能力和自信心

无论是在展讲,还是在讨论过程中,学科长和学术助理均可以发挥领袖作用。而学本课堂的实际情况是:人人都是学科长。换言之,人人都有发挥领袖能力的机会。在一次次的展讲过程中,我们的自信心也逐渐加强,面对课上的老师和同学,我们渐渐能够大方地展讲,这亦是当代高中生需要具备的品质。

可以说,学本课堂是集多种优点于一体的新教学课堂模式,它与传统课堂不同,它更注重培养学生的自主学习能力和团队合作能力。它缩小了优生与后进生的差距,有助于学生全面发展。它让学生更清晰地掌握自身问题与优势,让学生在学习过程中进一步获得了快乐与成就感。两年学本课堂的实施,给我们带来了态度和学习能力的大转变,我也将在接下来的学习生活中努力配合老师贯彻学本课堂的实施,努力提升自我。

我们的"学本课堂"

2019级06班　宋俐俐

物理学家普朗克曾说过:"科学的历史不仅是一连串事实、规则和随之而来的数学描述,它也是一部概念的历史。当我们进入一个新的领域时,常常需要新的概念。"犹如我们从旧的教本课堂进入新的学本课堂,我们也产生了新的学习概念,并且收获了许多知识。

学校实施学本课堂,一方面,对于学生学习物理学科来说,它能集中学生的专注力,锻炼其思维能力。物理在高中阶段所有学科中是最难的,也是很重要的。像物理学中"磁场,微观粒子"等一些抽象概念,它既不能被清楚地表达、描述出来,也不能被很好地理解,这就需要同学们不断地钻研,理解。实施学本课堂,多次的结构化预习,让同学们重复地读课本,锻炼了同学们的阅读能力和熟练地掌握课本中内容的能力;课堂上的小组讨论,每个人都是参与者,集中了同学们的注意力;多次给同学讲题,讲题者也能清晰地理解问题。长期学本课堂的学习,对学生们的成长也有很大的帮助,既拓展了学生的思维,又提高了学生们的阅读、理解能力。

另一方面,学本课堂会影响学生的一生,对学生今后的生活也有很大的帮助。课堂上的组织能力、表达能力在学生今后的生活中也有很好的运用。我们现在就锻炼自己的语言能力,在以后的生活中,我们就能轻松地迎接一些挑战和考核,我们就比别人跑在前一步,这样我们的人生就是幸运的。学校实施了学本课堂,让我们对自己充满了信心,变得自信,阳光;不像以前胆小怕事的自己,做什么事都喜欢在别人后面,没有主体意识。我们在以后的生活中可以大大方方、自信地展示自己的特长,实现自己的价值。

一开始,学校使用的是传统的教本课堂,老师讲课,同学们跟着老师的思路走,在这个过程中,同学们缺少了独立思考的环节,接下来做题就会遇到很多困难,这样的课堂效率就不高;但后来实施了学本课堂,同学成为主体,有了独立思考的时间,在短时间里提高了学习的效率,学起来也很轻松,也有了学习的动力,在高考也就赢在了起跑线上,实现了自己一生的价值。我们不仅在学习中要赢;在社会上,在生活中我们也要赢,也要实现价值。实施了学本课堂以后,许多同学变得自信,敢于展现自己的光彩,敢做自己以前不敢做的事,克服了这个困难,大家就成功了。

伟大科学家密立根说过这样一句话:"科学靠两条腿走路,一是理论,二是实验。有时一条腿走在前面,有时另一条腿走在后面,但只有使用两条腿,才能前进。"同样,学习也需要思考、实践两个过程同时进行,学本课堂就包括了这两个过程,让学生成为主体。不管是在学习中,还是在今后的生活中,学本课堂都一直影响着我们,帮助我们实现人生价值。

学本课堂为幸福人生着色

——谈实施学本课堂对学生成长和赋能幸福人生的意义价值

2019级07班　陈志杰

我认为,这种自己求得知识的本领,有老师指引固然容易长进,没有老师指引,也可以在不懈的探索中练成。任何一个人如果养成自学的习惯,都是终身受用不尽的,并且会为自己的成长和幸福人生奠定基础,而学本课堂则是自学的一种介质。

华罗庚说过:"自修是一件比较艰苦的学习方法,但它的优点是无论何人、何时、何地都可以采用。只要我们能按部就班,不懈不怠,继之年月,它是可以帮助我们达到科学的光辉顶点的。"接下来是我对我自己的观点的阐述。

首先,学本课堂让每个学生在精彩绽放式的讲题过程中理解知识,大家齐心协力使课堂精彩有趣。学本课堂的内涵是指以学习者学习为本的课堂学习活动。简单来说,学本课堂就是教师和学生协同合作,共同围绕着核心问题开展自主性的探究学习,在单位时间内解决问题,实现学习目标,促进教师和学生共同成长的学习活动。在师生关系方面,学本课堂有别于教本课堂,师生关系不是上对下的长幼关系和教授与被教授的关系,而是真正意义上的民主、平等、人文和谐的发展关系。师生为了共同的目标而相互合作,相互帮助,追求的是一种真正的学习。在教学关系方面,师生之间不是那种传授和告知关系,而是合作学习、共同建构知识、发展能力的关系。师生共同创建小组合作团队学习机制,创建人文、自由、开放、多元、灿烂的学习氛围,让学生实现真实、自由、自主的阳光学习。学本课堂学习的最终目的是让每位学生的生命得到成长,最终在这种方式下实现对学生成长和赋能幸福的观念。

其次,学生在课堂是以"问题解决为任务"。师生共同围绕"开展自主、合作、探究学习"的主题为路径,使学本课堂"教和学"的关系相互融洽,不可分割。另外,学本课堂注重展示对话学习方法,创建"说的课堂",通过生生对话、师生对话来解决问题,建构知识,培养能力,发展情感,在单位时间内完成学习任务,激活了每个学生的思维潜能,培养了学生的科学思辨能力,最终使每个学生都能言善辩,富有较强的语言表达能力,学生也在该过程中收获知识,得到成长,最终为幸福人生赋值能量。

再次,建立团队成长的平台,让学生成长为学习的主人。学本课堂注重小组合作团队学习机制建设,在角色上进行了大胆创新,使每位同学都成为合作学习的主人,这为小组和班级全体成员的成功合作搭建了良好的学习氛围。学本课堂的主要学习环节是完成学习任务,从而营造人人愿学习,人人都学习,人人会学习的学习环境,体现出主动学习、积极学习、合作学习和团队学习。学生在互动交流以及师生交往交流中找到自尊互爱,体验快乐,品味成功的愉悦。课堂上充盈着学生因学会自主、合作、探究而产生的自信,使学生意识到:学校学习不可以仅仅只依赖老师,不然就如孔子说的"学而不思则罔,思而不学则殆"。那样只会得不偿失。让学生在真正解决问题的过程中,学会看书,学会自学,才能使学本课堂真正成为一个学生自主管理、自主教育的学习机制,从而达到真正的乐学、善学、会学。并且,这个过程中,学生会慢慢学会倾听,学会判断,所以,越是热烈的讨论,学生越会认真地听讲,并且准确把握,做出敏捷的判断。学生在展示过程中则要学判断,学表达,学欣赏,学质疑,学辩护,学让步。

最后提高课堂学习效率,实现了师生共同学习、共同发展的目标,实现培养良好的学习习惯,为学生终身学习和发展奠定基础。

所谓自学,应当就是一个人整个生命的向上自强,最要紧的是在生活中自觉自律。同样,学本课堂要实现对学生成长和赋值幸福人生的意义和价值也应当如此。

信心　勇气　力量

——我视野里的学本课堂

2019级11班　周志翔

在进入麒麟高级中学以前，我所接受到的课堂教育大都没有什么特别之处，在学习的过程中，以老师一人讲授为主。作为学生的我，其实很少能够主动地参与课堂当中，基本上都是在以一种被动的方式进行学习。

从学校推进课堂教学改革起，我记忆中的传统课堂模式便被打破了，在新的教学模式中，课堂不再是老师"一言堂"的"独角戏"，我和更多的同学开始以一种积极主动的方式进入课堂，使整个学习过程形成了"百花齐放，百家争鸣"的现象，使课堂变得丰富多彩和充实起来。

在传统课堂上，老师提出问题，讲解问题；老师发现问题，解决问题。老师是主角，自编自导自演，往往是老师讲得天花乱坠，我们毫不领情，晕头晕脑。而在学本课堂中老师和我们是大小同学的共学同研的关系，学本课堂模式让我们真正地成为课堂的主人，通过课前的结构化预习和自主学习，找到自己不懂的问题，将自己的问题带到小组中通过小组团队合作学习解决。小组内部不能解决的问题，可以组间解决，全班多个小组也没能解决的问题可以通过老师帮助解决。课堂中同学们将小组对知识点的理解、观点和见解大胆地展讲出来，其他同学可以针对不足的地方加以指出并补充完善。通过展示对话交流，大家可以交换意见，锻炼表达能力，可以在倾听、发现问题和解决问题中取长补短，增强自己对知识点的理解，通过当堂检测及时测试自己对知识点的掌握情况，发现疏漏及时加以巩固，从而提高学习效率。

首先，学本课堂带给了我们一种新型的自主文本阅读方法——结构化预习。以前翻开课文就是看小说似的走马观花、浅尝辄止，勾画浏览过就算是预习过了，但通过学本课堂的结构化预习过程，我才明白之前我是真不会预习，缺乏深入的思考，仅仅在进行一种十分粗浅的浅表学习，并没有真正把知识融会贯通的理解。作为前置性学习的结构化预习，通过"查、画、写、记、练、思"六字诀，对文本进行6遍的深研细读，采用"QA法"将知识转换为问题，将解决问题的过程转化为学习能力和素养，"画线法"让我们在文本阅读中知道哪些是关键词、关键句。通过结构化预习的自主学习过程，我们能够有效地分清自己需要突破的重难点在哪里，知道如何增强我们的问题意识，能够学会有效发现自身的问题，能够在上课前尽自己所能，对所学内容有了很好的一个了解和掌控，不至于稀里糊涂一团雾水。对于自己在结构化预习中确实不清楚的问题，可以在课堂上求解，专心致志弄明白。通过结构化预习，我对预习有了新的认识和思考，自己的独立思考能力有所增强。我认为只有真正深度的学习才可能提高学习的效率和质量。

其次，学本课堂带给我们学习的信心和勇气。读高中以前，我在课堂上也发言，也得到过老师的夸奖，但是也被老师数落过。如老师认为问题很简单，我却没回答好，但是我真的没弄懂；很多时候我回答问题还会被周围的同学笑话，认为我爱出风头，我很是为难、尴尬不已。进高中后，学本课堂让我有了充足的信心，因为我的表现得到同学和老师的认可和尊重，我周围的很多同学也能够在课堂上表露自己的观点，敢于展讲、展示交流，在小组合作团队学习和全过程的小组合作团队学习的评价机制中找到了自信和互帮互助、协作信任的力量。许多不爱说话的同学敢于说话，主动表达自己对知识点的看法和主张，甚至有些时候在展示对话交流中会针对问题展开激烈的交锋，这种精彩的交流碰撞，使真理越辩越明，便于我们发现问题，纠正错误和理解上的偏差，对易错易混的知识点有了更深刻的认识和理解。小组合作团队学习使协作精神得到充分的体现，增强了我学习的信心，更让我有勇气面对自己的不足，并能够在团队共同解决问题中提高自己的认识能力，完善知识结构，增强战胜困难的勇气。

再次，学本课堂带给我全新的课堂体验。相比较上高中前的单调的"满堂灌"课堂，学本课堂的课堂类型很丰富，有针对问题生成的问题发现评价课，有解决问题的问题解决评价课，有问题综合解决课。我们现在进入了高三首轮自主回归拓展课、单元回归评价课,后面还有主题回归评价课、能力提升训练课、能力测试评价课、高级思维训练课等等。这些课型层层衔接、环环相扣,像阶梯一样从低到高,都是一步一步帮助我们提高对知识的认识、理解和有效运用,都是为了让我们一点一点培养学习力,学会运用科学合理的方法提升能力和素养,增强面对困难和风险挑战时的信心和力量。学本课堂让我们学会学习,学会合作,学会生存,适应未来生活。

最后,学本课堂在很大程度上改变了我对学习、对知识的看法,改变了我处理问题的方式,使我能够有针对性地看到自己的不足,并能找到解决自身问题的路径和方法。我相信伴随着学习的深入,我将能够在有限的时间中优化自己的行为方式,有足够的信心、勇气和力量面对困难和挑战,在自己成长和发展的道路上越走越宽。

学本课堂,让语文课堂充满活力

2019级12班　侯晨

学本课堂是以学生自主学习为重点的课堂,我校课堂改为"学本"后,我们课堂的氛围改变了不少,语文课堂最为明显,而我作为一名学生更是受益匪浅。

一、对语文学科兴趣的培养

语文是一门重要的工具性学科,在我们的日常生活中起着不可或缺的作用,但是随着科技等各方面的发展,中学生对语文的热情也渐渐冷却,而这种新教学模式刚好能引起同学们对语文学习的兴趣。

学本课堂主体为学生,而学生只有主动学习才会有收获,所以在语文学习过程中,同学们通过对课文的反复阅读,并提出不懂的问题,然后在讨论过程中解决问题,从讨论过程中获得成就感。这不仅增加了课堂的活跃度,更重要的是引起了同学们对语文的兴趣,使语文学习不再枯燥。

爱因斯坦曾经说过:"兴趣是最好的老师。"孔子也曾说过:"知之者不如好之者,好知者不如乐知者。"当一个人对语文产生兴趣时,他定会入迷地去钻研、探索,所以兴趣是学习语文最大的动力。

二、培养了语文学习能力

"教本课堂"的主体是老师,平时上课时,老师在讲台上讲,学生在台下听,这样的教学模式无法激发学生的学习兴趣和积极性,而且,教本课堂已经从最初的"老师传授知识"变为"老师包办一切"。我认为学习是学生自己的事,读书长知,思考长智,虚心长识,应用长技,所以学习能力极为重要。

"查、画、写、记、练、思"是学本课堂预习六字诀。首先,查着资料读课文,把不懂的字、词、句子找出来,通过工具书或是老师,了解并牢记他们;第二步画着重点读,在读第二遍时,标记重点,方便课后记忆;接着,在读第三遍时写下自己对课文的理解,第四遍时就要背了,背文中需要记忆的段落或好词佳句,这样有助于理解课文内容。下一步,做习题,只看不练会使知识点记忆不牢固,因此练习可以巩固知识点,做完后,发现问题,以便及时解决;最后,反思,认真想想这一课的字词或文化常识自己是否记住,是否记牢了。若这时发现还有漏洞就可以标记下来,上课时着重注意解决。

这样的预习方法有助于同学们理解课文内容,既摆脱了僵化记忆,还培养了同学们的学习能力。

三、提高了同学们的口语表达能力

语文是"听、说、读、写"四者缺一不可的学科,但同学们往往会认为"读"不重要。现在科技发展迅速,手机已成为生活中的必备工具,手机中各种聊天软件的出现,使人们在现实中交谈的机会变少了,这就直接导致了人们交往能力与表达能力的退步。

所以,"读"是很重要的,读是大家小组讨论的基础,在展讲过程中,很多的同学都十分腼腆,大多数人都不愿意展讲,而展讲的同学有时会出现声音小、表达含糊、不自然的现象,这些都是"读"没落实到位的结果。

在学本课堂中,小组发言人是很重要的,他们是小组学习结果的展示人,可以代替其他组员汇报结果,与其他小组交换学习方法。因此,同学们想更好地展讲,必须提高口语表达能力,在一次又一次的练习中完善答案,提升自我。

这样一来,既可以加深同学们对文章内容的理解,还能不断地提升自己。

四、提高了同学们的写作能力

都说灵感源于生活,确实,在小组合作学习的过程中,组员之间的相处细节都可以成为写作素材,叶圣陶先生曾说:"生活犹如泉源,文章犹如溪水,泉源丰富而不枯竭。"所以,只要留心观察,生活处处都是素材。

在作文课上,同学们分享自己的文章,分享自己的写作技巧,写作思路,互相借鉴,互相学习,不断弥补自己的不足,从而提高写作能力。

五、培养学习积极性

"业精于勤,荒于嬉;行成于思,毁于随。"在小组组建后,同学们开始积极地参与课堂中来,从过去"被迫灌输"到今天"主动汲取",课堂氛围也活跃了起来。

在这样的学习机制下,同学们的学习效率提高了,知识也变得更易接受,更易消化。学习也不再是负担,因为每个组员都要为所在小组负责。由此,合作学习提高了同学们的学习积极性。

总之,学本课堂的实施,让语文学习更有乐趣,也使课堂更活跃,老师也从主讲者变成了倾听者,师生关系也更近了一步。

我对数学课堂改变的感受

2019级12班　周树皓

我校于2019年开始启动学本课堂，接下来我把我对学本课堂的感受分享一下。

第一，学本课堂真正地帮助我们提升了自学能力。在之前的教本课堂中，同学们大部分时间都是在被动听课，被灌输知识，只有少部分同学还会花些时间在预习上。但自从启用了学本课堂后，同学们都开始主动地去预习课本，在预习时自己生成问题，解决问题，自己解决不了的就问同学，还解决不了的就可以带着这个问题去听课，学习效率明显提高了很多。提升自学能力不仅仅有利于现在的学习生活，还有利于我们在未来变得更优秀，在与其他人的竞争中处于优势地位。我认为现在的社会需要的是主动的人，而不是像耕地牛那样打一下挪一下的人，这样的人只会被淘汰。所以我很庆幸可以有这个机会来培养自己的自学能力。

第二，学本课堂培养了我们同学敢表达、会表达的能力，举一个我身边真实的例子。我所在的小组有一个同学之前非常内向，不敢与他人主动表达自己的想法，但自从一次偶然的机会，他开始变得越来越积极。那次我们在讨论数学试卷时，我们被一道难题卡住了，就在一筹莫展之际，我发现这位同学的这个题是得了满分的，我好像看到了救命稻草一样，赶忙让他与我们分享一下思路。他刚开始很扭捏，但在我们小组的鼓励下，他分享了自己的做法，我很惊讶，他从来不愿与我们分享他的解题心得，虽然在语言上还有些欠缺，但我听得很清楚。我们又鼓励他在全班同学面前展讲这个问题，当他走上去时，全班同学都很惊讶，但展讲后全班响起了经久不息的掌声。自那以后他经常展讲，在表达上也越来越清楚自信。这种敢表达的能力正是我们很多同学缺少的，但学本课堂却可以帮助我们提升这一能力。

第三,学本课堂让课堂变得更有活力与生机。在之前的教本课堂中,都是老师讲学生听,对于有些不自觉的同学来说,可能没一会儿注意力就不集中了,但实施学本课堂后,课堂上同学们有了很多讨论环节,在讨论时思想上的碰撞可以帮助我们更好地集中注意力。在之前的教本课堂中,课堂气氛比较低沉,一节课只能听到老师以及很少数同学的声音,但是实施学本课堂后,课堂上有了展讲有了讨论,课堂气氛很活跃,大家为了一个问题积极讨论,一节课下来同学们明显能够感觉到更充实。

使用学本课堂,不仅仅是为了我们现在成绩的提升,在其中所获得的一些能力才是我们这一辈子的财富,如果我们得到了这些能力,那么在未来我们一定能成为更优秀的人。

学本课堂　教学相长

——"学本课堂"感想

2019级12班　张艳慧

韩愈在《师说》一文中提出"是故,无贵无贱,无长无少,道之所存,师之所存也"的道理,即师生的教与学是相辅相成相互促进的。

在传统的教学中,很多老师一人在台上唱"独角戏",很难达到师生之间那种对问题的深入思考程度。学生只会一味地按照老师的思路来走,慢慢地,就只会接受老师的观点,放弃了自己的思考。久而久之,僵化之下便会蔓延出更可怕的惰性思维,一旦学生对学习失去了兴趣,还奢谈什么学生的主体地位和创新能力的培养?

学本课堂的开展,给了我们很多自主学习、自主研讨的时间,培养了我们主动学习、高质量学习的能力。这样的课堂给了我们很多不一样的体验,我们渐渐地学会了思考,敢于表达自己的想法,我们对学习有了更加深入的思考。

在课前,我们用"查、画、写、记、练、思"六步阅读法来进行结构化预习。这样的方法让我们在学习之前先对课文进行阅读、理解、思考,从而达到学习的目的。通过这样的方法,在课堂上我们才能有目的地进行学习,弄清楚那些不明白或者有疑问的知识点,从而达到对症下药的效果。

在课堂,老师有一个特定的称号——"大同学"。因为同学和老师之间是通过相互协作来解答问题的,有些难一点的问题老师和同学一起探讨来解决,同学理解不全面之处由老师来补充;简单易懂的问题由同学直接讲解。这样老师和同学之间形成了一种默契的合作关系,大家相互学习、相互配合,形成了一种良好的师生关系,在活跃的气氛中,同学们更加简单、高效地掌握了所要学习的知识。

在课后,我们拥有拓展训练环节,通过练习在课堂上学习的知识,进行回归复习,巩固拓展,让我们学习的知识更加系统化。学本课堂引导我们对问题从不同角度进行深入思考,让我们学会分析问题,拓展我们的思维广度,提高学习技能,丰富我们的情感和审美体验,从而真正实现教学相长,为我们的学习奠定基础。

孔子曰:"三人行,必有我师焉。"这句话让我明白无论是谁,只要有好的品质都值得我们去学习,同时我也意识到自身的发展与团队的发展都很重要。学本课堂给我们提供了一个很好的团队模式,在日常的小组合作学习中,我们也能从中学习如何与他人相处,虚心求教,"不耻下问"则让我们有机会获得更多真正的知识。从他人身上发现自己的不足,得到各方面的指导和帮助,使自己不断进步。

看过听过不是学,想过思过才是真正的学习。通过课前的预习、课中的研讨和课后的练习,我们能自己思考,学习课堂上的一些知识。通过自己的表达,说明对知识的掌握程度,这样的学习,给我们提供了很好的自主学习的环境,培养了我们对学习的热情和信心。

教与学是相互的,二者缺一不可,老师和学生一起思考、一起学习,才是现代的教学,才是当今的教学。希望这样的课堂模式能发展延续下来,让我们师生之间相互促进,共同进步!

借助学本课堂　学好政治学科

2019级12班　侯晨

学本课堂,以学生为本,把学生自主学习放在首位。这一教学方式实施后,我们的政治课堂就与以前大不相同了。教学方式不同,教导出的学生自然也大相径庭。下面,我从以下几点谈谈我的收获。

一、有独立的学习能力

学本课堂最重要的环节之一就是主动预习,这一步分为六个步骤——查、画、写、记、练、思。首先是"查",查看资料阅读第一篇课文,把艰涩难懂的生字找出来,通过工具书或其他途径把它了解清楚;然后阅读第二遍时就可以边标记重点边阅读,把课文中需要掌握的知识点画出来;之后就可以进行第三遍阅读,边记边读,这一步需要记忆的内容主要是我们在上一步中找到的重点,提前记牢课文内容,也有助于我们对课文理解得更深,使课文变得易懂。课外练习是必不可少的环节,同学们在掌握了课文内容再去做练习,既有助于巩固知识点,也有助于找出问题并解决问题;最后思考,同学们在读课文时一定要努力领会文章中的每一个字,然后确认自己是否真的领悟了,若发现了不懂的问题可以做好标注,上课时认真听讲。

学习能力的培养是极为重要的,优秀的学习者必然有较强的学习能力,他们善于发现,善于思考。学本课堂帮助同学们独立学习,自主完成学习任务,在这个过程中,同学们也逐渐掌握了属于自己的学习方法。独立学习的能力也得到了锻炼。

二、学会团队合作

小组合作学习有助于同学们培养团队意识,在政治课上,合作学习的好处最明显。同学们做完评价单后,通过小组讨论来整合答案,这不但有利于团队精神的培养,更重要的是在讨论过程中同学们的思维得到了锻炼。

每个人都应该有这样的信心:人所能负的责任,我必能负;人不能负的责任,我亦能负。在小组合作学习中,每个组员都要为所在的小组负责。这不仅仅是对学习能力的培养,更是对同学们的整体素质的培养。

三、熟悉课文

在小组讨论完成后,各组就会派出代表展示本组答案,若是其他小组的答案与自己的不同,便会补充;要是我们组的答案有误,其他组就会质疑,帮助我们纠正错误。

在展讲过程中,我们对课文的熟悉程度就会进一步加深,我们对知识点的掌握更牢固。

四、课后查缺

在学习过程中,难免会有遗漏的知识点,这时,查缺补漏尤为重要。必须找到遗漏的知识点,并完善它。

"吾日三省吾身,为人谋不忠乎?与朋友交而不信乎?传不习乎?"课后反思是我们对学习过程的总结,每一个学习环节我们是否尽力了?有什么知识点还不会?哪里做得还不够好?这是对学习成果进行评价的主要因素,同时也正推动着我们自我完善。

学本课堂使老师从主讲者变为倾听者,变成与我们合作学习的大同学。老师走下讲台,到学生中授课解惑,使学习氛围变得轻松、愉快。这不仅提高了同学们的上课积极性,还提高了同学之间的信任度,使班级变得更有凝聚力。

学有道,思有向,为本也
——学本课堂心得体会

2019级15班　曹若楠

自从我高一进校以来,学校的教学模式就进行了改革,变成了之前大家都很陌生的学本课堂。所谓学本课堂,就是以学习者为本的课堂,这里的学习者不是单纯地指学生,而是指教师、学生共同学习。在我们的学本课堂中,没有纯粹的教师,教师的身份将发生本质性的变化,被亲切地称为"大同学"。

具体而言,学本课堂就是教师与学生协同合作,共同围绕着核心问题开展自主性探究学习的课堂,学习目标以问题化呈现,变描述性学习为问题探究式学习,在规定的时间内,通过小组之间分工合作,交流,从而解决问题。营造一个活跃的课堂氛围,老师与同学共同协作,促进教师和学生共同成长。用校长的话来说,这种课堂模式的目的就是培养我们终身学习的能力。

在传统的教学模式中,在课堂学习时,老师与同学是一体的,是密不可分的。课前的工作,比如预习都是简单的勾勾画画,毫无重点地去浏览课本,我们都是依靠老师上课,课本里面的很多细节性的东西几乎不会注意到,从而成为我们失分的地方。在没有实施学本课堂之前,我也从未意识到预习的重要性,导致上课时我根本不知老师讲的一些知识点的出处;在课中,大家都是听着老师讲,老师为教室的中心,全班的同学都围绕着老师来展开学习,一旦老师不在,我们的学习便失去了方向,像无头苍蝇一样乱撞,从而浪费了很多时间;在课后,我们便放飞自我,认为老师讲的我们都懂了,不需要再去看课本,忽视了课本的重要性,而在高考的试卷中,出卷人都是围绕课本来进行出题,更多是抓住了课本当中我们很少注意的细节。从课堂的氛围来看,老师与同学之间的关系是有层次之分的,课堂氛围单一,毫无活跃之感,同学们听课感到非常疲倦,从而厌倦了老师的讲课。

而学本课堂和传统课堂相比就有很大的不同。在课前,我们通过"查,画,写,记,练,思"六部曲进行结构化预习,在课本中寻找问题,在课文中寻找答案。简单的问题自己解决,复杂的问题留在课堂上让大同学为我们解决,从而我们能够更深入地去了解课本;在课中,学生更是课堂的主体,大同学作为辅助。通俗来讲,学本课堂是学生讲给老师听,学生们通过自己的思考,小组与小组之间的讨论,在小组当中进行一个思维的交流,分工合作,讨论交流,将同学们的想法都凑到一起,取他人之长,补己之短,从而整合完整的答案,不懂的问题生成出来,其他小组帮忙解决,为同学们进行展讲。在课后,同学们会将遗留的问题自主解决。在学本课堂当中,老师与同学是同一个等级的,学生得到了学习上的自主权,营造了一个良好、活跃、多元的学习氛围。对于我们的想法,老师们也会积极地听取,鼓励我们积极思考。

就数学学习而言,以前同学们从来不会去认真思考每一个公式,每一个定理是怎么来的。因为以前传统教学模式思想的局限,同学们的创造力被大大减弱,同学们没有想过自己也可以像老师一样站在讲台上讲课,更没有想过可以在大家面前把一道题讲得这么流畅和清晰。同学们将自己知道的知识点展讲给大家听,自己对这个知识点也就更加通透,从中获得了满足感,从而对数学学科产生了浓厚的兴趣。

学本课堂给我最大的收获,总结下来有以下几方面。一是锻炼了我的语言表达能力,增强了我提出问题的勇气,让我能在众多的同学面前思路清晰地讲好一个题,我对知识点的理解也更加深刻。二是培养了我积极主动思考的能力,在一些未曾涉及过的领域,我也可以通过自己的思考找到解决问题的答案。三是锻炼了我自主学习的能力,在没有老师的情况下,我也能够将一个题的思路完整地呈现在同学们的面前,我对学习方法的认知加深了。

在学本课堂中蜕变

2019级16班　孙浩然

学校开展学本课堂的时间也已经两年了,在这两年,通过学本课堂的方式学习政治,我有很大的收获和体会。

一、本质的变化——变得主动学习

学本课堂是指以学习者为本的课堂。在这里,老师变成了我们的大同学,我们协同合作,共同围绕着核心问题展开自主性的探究学习,在单位时间内解决问题,实现学习目标。在共同创建小组团队合作机制中,我们实现了真实、自由、自主的学习。

在学本课堂开展过程中,我感受到自己独立学习的能力被培养起来了。尤其在结构化预习能力、自主学习能力、合作探究能力、问题发现生成能力、问题解决能力等方面,都是以前教本课堂所未培养出来的。因为有了自主独立的学习,我在学习政治的过程中越来越轻松,政治成绩也从只能及格到每一次都保持在70分左右。这便是主动学习带来的良好结果吧。

二、直观的变化——变得大胆学习

在自主学习的同时,我的思维得到了很好的开发。学本课堂注重展示对话学习的方法。通过对话的方式,培养了我的能力,通过对话来解决问题,培养了我的学科思辨能力。现在的我能言善辩,富有较强的语言表达能力。因此学本课堂的开展,为我们激发思维搭建了一个良好的平台。在校本课堂开展的时候,课本上的相关链接,专家点评,以及问题探究,都是我曾忽略掉的东西,在我的思维慢慢被激活后,我发现这些地方也藏着很多知识。我从不敢做探究题,到看完了探究题的每一个字。我慢慢地熟悉了课本,对知识的记忆力增强了。现在的我会大胆地思考问题,这也许就是大胆学习带来的好处吧。

三、客观的变化——变得积极学习

班级在学本课堂开展过程中搭建了团队学习平台,我们成为合作学习的主人。学本课堂注重小组团队合作学习机制,就这样,我们被赋予了新的身份,我们每一个人都是合作学习的主人。每一个同学都是学科长,而大同学的助理被称为学术助理。学科长是我们组里一个关键性的角色,学科长帮助大家学习,提醒大家学习。在这一过程中每一个人的自主意识得到了培养。这种创新超越了个体接受式的教学范式,走向了团队发现和团队成功的学习方式。这培养了我们的责任意识,因为有了责任,所以我们会更加积极地去学习,带动身边的人一起进步!

说到这里,其实远远没有说完,政治学本课堂的开展是最突出的。我们的学习能力培养起来后,政治学科的学习将会变得无比轻松。我们积极主动地参与学本课堂的学习,我们将会变得越来越好!

学本课堂，全能开发

2019级18班　林锦辉

我校推行学本课堂已近两年，在大家的共同努力下，学本课堂在不断创造佳绩。学本课堂给我最大的感受便是注重对学生的全能培养。

首先，学本课堂与传统课堂有着很大的区别。

传统课堂都是老师讲学生听，而学本课堂则将两者进行了高效的结合，不再是传统课堂下老师讲学生听的授课模式，而是由学生讲，学生与老师一起听。在学生讲的同时，其他同学可以针对自己不懂的地方进行提问，由讲的同学进行解答，解答过程中如果遇到了学生也无法弄明白的问题再由老师进行讲解与补充。这种课堂模式从根本上改变了以老师为中心的教学模式，形成了以同学为中心、老师为辅助的教学模式。这种教学模式下老师的作用在于抛出问题并引发同学们的思考，倾听同学们的答案，必要的时候对同学们的答案进行规范补充。这样在减少老师工作量的同时也引发了同学们的积极思考。这样的课堂在很大程度上改变了学生"讲课的是老师，我只用听的"想法，换作学生进行讲解，那么学生必然要进行思考。学生在思考的过程中不仅能加强对知识点的记忆，也能启发思维。学本课堂让绝大多数的同学真正融入了课堂之中，融入了学习之中。

其次，学本课堂注重小组合作学习。

小组合作学习要求同学们进行思考之后与小组同学讨论，在讨论过程中，每个同学都针对一个问题讲述自己的观点，最后将大家的观点进行整理，得出一个覆盖面较全的答案，这样既保证了每个同学都能有表达自己观点的权利，同时也能得出一个较全面的答案。小组合作学习对我们的学习很有帮助，我们以往在学习的过程中，遇到了不会的问题如果不主动寻求帮助，那么问题最终还是问题。但在小组合作学习中,同学们先进行思考,得出自己的答案,在讨论的时候再进行表述,小组成员则进行补充,等到同学表述完自己的观点后,再由别的同学指出错误。这样我们就避免了闭门造车,可以将自己的观点与别人的观点整合从而得出新的观点。

最后,学本课堂培养了同学们的多种能力。

在整个课堂之中,同学们要进行思考,展讲,接受质疑等多个环节。在思考的时候,同学们注重自我思考的能力,长期的自我思考帮助大家养成了独立的学习习惯。在展讲的时候,同学们注重自我语言表达的能力,把自己的观点准确无误地向别的同学进行表达,这帮助同学们养成了良好的语言表达习惯。在接受提问的时候,同学们则需要镇定冷静地去解答别的同学的问题,这帮助同学们养成了遇事沉着冷静的习惯。这些好习惯将会让我们受益终身。

总之,在学本课堂这种教学模式下,同学们的各项能力得到了较全面的发展。

"我"的课堂"我"做主

——学本课堂心得体会

2019级19班 崔哲晨

一、学本课堂与教本课堂

九年义务教育的课堂我们以传统的方式度过了,老师在课前呕心沥血地备课,在讲台上声情并茂地讲解,我们在下面仔细听讲,认真做笔记,老师在课后布置大量的作业让我们复习巩固知识点,提高我们的思维能力、解题能力,通过题海战来应对中考——我们疲惫不已,老师不堪重负,幸运的是我顺利地考上了高中。

在教本课堂中老师是主角,我们只是接收信息的工具,被动地接受知识,通过模式化训练来应对考试,我们的积极性、主动性、创造性得不到充分的发挥。传统的方式固然没有什么太大问题,这也是祖先传承给我们的优秀的传统文化——班级授课制。可是时代在变化,传统的教本课堂已经不能让我们适应时代的"新节奏"。我校在我们这一届率先展开了课堂教学模式的"改革"——实施学本课堂,我们成为受益者。学本课堂,老师把课堂交给我们,老师不再是课堂的主角,老师成为我们的大同学。我们成立了若干个同舟共济、相互合作、共同进步的小组,小组成员对课前梳理的问题进行争辩、讨论、归纳、总结。由"学科长"确定"发言人",老师作为大同学,对同学们讨论中出现的问题进行点评、补充。课堂气氛变得和以前不同了,同学们更积极地发言,热情参与学习。

学本课堂的改革是十分艰辛的,老师的工作量大大增大,但是我们的老师极其负责,为了改革付出了千辛万苦,就像诗人李白所说"长风破浪会有时,直挂云帆济沧海"。老师的锲而不舍、始终不渝,也促进了改革的成功。总而言之，学本课堂给了我们锻炼的机会，让我们不停进步，我校的改革是有价值有意义的。

二、数学课上的"教本课堂"到"学本课堂"

学本课堂给了我们自己独立思考的机会，在小组内的合作学习也让我们的思路更加开阔，短短的几个定理在小组的合作学习下也可以推导一些有用的结论。

数学的结构化预习似乎比文科的小三科要复杂一些，我们需要更加深入的思考。我们要坚持"查、画、写、记、练、思"六字诀，预习的时候就可以产生一些深层次的问题，同时把自己的问题带到小组内讨论，往往会有意想不到的结果。

数学问题导读单对课本知识进行梳理，引导我们阅读课本，让我们了解知识产生和发展的过程，粗浅理解知识点。知识链接也给我们学习新知识做了一些铺垫、做了一些拓展。当堂检测环节让我们对每一节课的学习进行测验，让自己更加了解自己。问题训练单、问题拓展单的内容就更加丰富多彩，它包含了老师的心血，帮助我们对相应的考点知识进行训练，让自己提升。合作学习让我们拥有很大的潜力，加上大同学的补充说明，我们解决了各种各样的问题。

学术课堂使小组内的每一位同学成为主角，学本课堂是属于我们的课堂，我们自己做主。

学本课堂改革中的政治课堂

2019级19班　陈锦玉

追梦的人生精彩无限,为了提升学生自主学习能力,我校于2019年7月实施了学本课堂改革,通过学本课堂这一新模式培养学生学习力。在近两年不断深入学习与贯彻之中,学本课堂的优越性不断凸显。我们坚信:它必定会成为实现一个个麒高梦的强大支撑,会成为麒高学子起飞的基石。下面我谈一谈学本课堂对我的积极影响。

一、以问题学习为主线,深入挖掘学习潜力

学本课堂的首要环节为结构化预习。结构化预习是学生进行前置性自主学习的一种综合能力。通过认真研读文本,使用阅读六字诀,我们的自主独立学习能力有效提高了,我们也掌握了终身学习的方法,具备了终身学习的能力。在政治学科的学习过程中,课前的结构化预习就显得尤为重要。在我们严格按照结构化预习的要求进行课本预习后,许多的问题就迎刃而解,这时合书完成"问题导读——评价单"的预习评价部分,对我们来说就很容易了,这在很大程度上也激发了我们学习的兴趣。

二、以评价学习为手段,实现阶段学困生转化

在完成工具单后,由学科长、小组长组织成员开展自我、同伴、学科长、小组长和学术助理等实施五级评价,这不仅能确保知识内容在各阶段落实到位,还能养成自我反省、自我评价的好习惯,实现对结构化预习成果的检验。不仅如此,政治课堂上的即做即评,能够使我们的困惑一一得到解决,有效提高了小组团队学习的效果。

三、以团队学习为平台，保证学生优势互补

在传统教学模式向学本课堂模式转变的过程中，最大的特点之一就是由两人同桌变为六人同组，圆圈式的小组布局之下分布着每一学科的带头人——学科长。学科长热情参与，积极履职之后，政治课堂更加活跃了，在讨论问题时，学科长分配任务，组内分工合作，全员参与，每个人的想法和思维得到充分表达，大家的语言表达能力得到较大提高。

四、以任务驱动为途径，提升单位时间完成率

为了进一步提升我们的学习能力，检验当堂所学，工具单后会设置对当堂所学内容的检测题。我们在对知识点进行学习后，限时完成检测题，就能进一步增强对知识的理解，明确对应主体之下的易混易错之处，能够有效地完善知识机制，为做题积累许多经验。

五、以思维学习为目标，训练学生高级思维

为了加强我们的高级思维能力训练，大同学对我们进行了"高级思维学习能力"培养，在问题训练环节让我们结合所学内容开启多元化思维。小组自行思考并提出问题，呈现在黑板上，大同学逐一进行解答，这能够保证我们对基本原理、方法、例题的理解和记忆。通过自主探究、深入思考、答疑解惑，我们的问题生成能力得以提升。

六、以语言规范为桥梁，展示学生对话能力

为了培养我们的展示对话能力，提高我们的学科素养，大同学指导我们运用展示六字诀：展（展讲）、思（思考）、论（讨论）、评（评价）、演（表演）、记（记录）。我们的展讲采用"1+3+1"策略，即一人展讲，三人补充质疑，后一人进行规范指导。通过展示型学习，我们的展示学习能力得到培养，思维得到多元发展，我们的表达、质疑、批判的意识和能力也得以培养。在一定程度上，也激发了我们参与课堂的积极性和活跃度。

七、培养我们的回归拓展能力

我们每一个单元结束后,大同学都会要求我们采用括弧法、表格法、表框法、拼图法、云朵法、树状法、脑图法、坐标法等八种归纳法对本单元所学内容进行知识建构,进行总结梳理和原理性归纳并反复记背。年级组也会开展知识建构图的评比活动并对高质量的作品进行表彰。知识建构,可以很好地保证单元复习质量,是学本课堂的点睛之笔。

有志者,事竟成。在理论的指导下,我们经过两年的探索与实践,已经将学本课堂运用得很熟练了。它对我们学生的价值远远不只是教材中的理论知识,更多的是培养了我们的表达和交流技巧,增强了我们的自信心,它带给我们的,是一生受用不尽的学习方法。

我们要坚定教育改革的自信,进一步规范学本课堂,让学本课堂引领我们谱写麒麟高中的新辉煌,圆每一个麒高学子的大学梦!

政治学本课堂改革有感

2019级19班　何靖

我校展开学本课堂的尝试和应用已经有相当长的一段时间了,由最初的"照葫芦画瓢"到现在形成一套独立且较为完整的学本课堂教学体系。在这个艰难的探索过程中,我们既是参与者,也是这场改革浪潮最大的受益者。

我学习政治学科,刚开始课前从不会自觉主动地预习;课中更不会深入地思考,只是单纯地跟着老师的思路走;课后也是不具备对常考知识点以及重难点的把握能力,这导致我在整个高一上半学期都处于浑浑噩噩的学习状态,成绩也不理想,在四五十分这个分数段徘徊。在经历学本课堂后,我不仅对政治这门学科产生了十分浓厚的学习兴趣,还在小组团队合作学习中成就了现在的自己。这种种变化无疑是有益的,我看到了我们自身的变化——从被动驱赶学习到自觉主动乐于善于学习;看到了课堂的变化——从死气沉沉毫无活力到如今的充满激情;看到了老师的变化——从静态的灌输者到动态的智慧引领者。我不由得庆幸有这个机会经历学本课堂教育教学改革。以下是我的心得体会。

一、明确学生的主体地位

学生是学习的主体,老师是学生学习的组织者、引导者。学本课堂改变了以往"满堂灌"的教学模式,同学们可以在小组合作学习中大显风采,真正成为学习的主人、课堂的主角。老师在课堂上创设情境让学生能够深入学习,让学生拥有发散的学习思维,学生的积极性得以调动,自主学习、合作学习、探究学习的能力不断提高。

二、建立高效的教学模式

课前为激发我们的学习兴趣,培养我们搜索和处理信息的能力,学校教给了我们"查,画,写,记,练,思"这六字箴言,为我们结构化预习指出了明确的方向,提供了具体的做法。这独特的学习方式激发了我们对知识的渴求,在此过程中我们不断追求完善自己的学习方法,不知不觉中提高了自己的学习成绩。课中进行小组合作探究学习,在结构化预习的基础上对遇到的问题进行组内讨论,实在解决不了的问题可以在讨论完成后,统一汇总给老师,由老师帮助我们解决。其实这培养了我们生成问题的能力,我们学会了独立思考,合作沟通的能力也有所提升。课后有专门的单元工具单、回归复习单、当堂检测单、知会清单等一系列练习对我们的掌握程度进行检测和巩固。就政治学科而言,现阶段的核心任务就是复习,进行单元回归复习时,我们需要对课本上的内容进行复习、背诵和默写。我很清晰地记得第一节默写课我连最简单的概念都记不清楚,而现在我可以在规定的时间内背诵并完成默写。总而言之,学本课堂对我们是相当有益的,它不仅调动了我们学习的主观能动性,还从外部形成一股强大的推力,给我们带来了长足进步。

三、重视学困生

以往有这样的现象:老师对品学兼优的学生关爱有加,而对学习有困难的学生偶有忽略。学习有困难的学生很少有展示自己的机会,他们觉得很压抑,他们的发展受到了限制。我之前学习政治的状态就是这样,我并不是天生迟钝,只不过这方面的潜能还没得到很好的开发,只要老师给我机会,鼓励我,我就会勇于发言的,这样我也积极参与课堂当中。

总之,教与学是相辅相成的。作为学生,我们在老师的引领下,在学习过程中有了独立思考的能力,良好的沟通能力也培养了我们的自信,收获了全新的自己。作为老师,他们提前学习了先进的教学理念,然后在此基础上指导了教学实践。学本课堂改革为我们打开了一个新天地,我相信随着学本课堂改革的不断深入,老师和学生能协同合作,共同成长。

学本课堂令梦想插上翅膀

2019级20班　苏玥榕

我作为一名麒麟高中的学子,我可以骄傲地大声说:"学本课堂为我的梦想插上翅膀。"在学本课堂的帮助下,我们看到了希望的曙光。

学风转化,自信提升。

从我个人角度来看,我是学本课堂的获益者。高中才入学,我的成绩就是处于班级的吊车尾,那时候觉得前途一片灰暗,不敢谈"梦想"。但自从我们学校大胆地尝试改革,变传统课堂为学本课堂,就仿佛是给了我一次难得的机会——在初中没有打好的学习基础,通过学本课堂,又给了我一次筑基的机会,曾经初中落下的知识得全都通过学本课堂一一补全。因此,我的成绩才能从一开始的"毫无希望"变成现在的"有点儿起色"。就单科政治学科而言,在一开始入学时的三四十分提高到现在的七十多分,这无疑是一个质的飞越。虽说量变积累到一定的程度一定会引起质变,但想要促成好的质变也必须找到正确的方法,而学本课堂无疑是一个良方,正是因为有了这个良方,才治愈了我长久累积下来的"残缺"弊病。从我个人心态转变而言,学本课堂可谓是功居首位。还记得,才入学时的我自卑、孤僻,我的自信低到了谷底;可自从学校开始大胆改革后,新颖奇妙的学本课堂一下子吸引了我的注意力,我开始摒弃曾经那个自卑的、一无是处的自己,用力拥抱起自信的太阳。于是我一天一天地乐观起来,成绩也一点一点地上升。自此我心怀自由,无所畏惧,奋力前行,拥抱希望。

班风日上,成绩提升。

纵观我们班的现状,我再次感叹学本课堂的好处。从高一刚开始时,我们班可谓是年级上的末流班级,每一科都可以说是"糟糕至极",但自从学本课堂开始实行,我感觉身边的事物逐渐发生变化,同学们脸上开始洋溢着自信的微笑,班主任老师也开始变得开朗自信。就单科政治而言,从一开始班上三四十分占绝大多数到如今的五六十分占大多数,无疑是一个进步。这一切的一切都是因为学本课堂的帮助,从原先单调枯燥的政治知识变成了现在生动有趣的合作探究,同学一下子就提升了对政治学习的自信与兴趣。伴着这一股自信之风,我们班的班风可是蒸蒸日上,我们班的同学也从一开始的得过且过变成了现在的发愤图强。自此,我们班勤奋努力,不负韶华,刻苦读书,充满希望。

略微不足,努力改进。

从个人和班级的角度来看,学本课堂给我们带来的好处多多。可是我还是发现了自己的一些学习上的问题。比如:我的思维连贯性较差,有时做会了这一道老师或同学讲过的题,但相同的题型我仍然存在做不来的情况。对于这个问题,我必须找到适合的方法,在未来向好方向发展的基础上再添砖加瓦,促成更高一级的进步。因此我必须以学本课堂为基础,奋发努力,使自己的获益成双倍。而就班级而言,我观察到:学本课堂以六人小组的形式把同学们分成好几个小组,在讨论的时候,一些小组的成员用讨论打掩护开始谈天说地,因为处于讨论之中,老师较难发现这类情况。这是一个令人头痛的问题,而这一问题若不及时解决,也将为我们学本课堂的推进带来巨大的阻力。因此,我认为,在当下我们应该从自身做起,转变自己的懒散态度,看到希望,找准目标,奋力一搏。

以上便是我对学本课堂的个人看法,在此,希望我们都能正确看待学本课堂,转变学习态度,为自己的梦想插上翅膀。

越努力，越幸运
——学本课堂心得体会

2019级20班　李桥娟

时光匆匆，在学长学姐们给他们的高中生活画上圆满句号的时候，我们已经是准高三的学生，而学本课堂在我们学校也施行了两年之久。这两年里，作为语文学术助理，我有很多的收获，现在我跟大家分享我的收获与体会。

第一，扩展思维，聆听他人不一样的观点，转变原先的思想。以前的课堂，单纯地由老师带着学生走，课堂上的问题答案基本上由老师呈现，学生们仅仅跟着老师走，并未真正思考问题。但学本课堂注重培养学生的思维，引导学生通过老师提出的问题进行思考，与小组成员探讨答案。在这期间，大家根据同一个问题，得出不同的看法，认真聆听组员的分析，茅塞顿开。学本课堂提供了一种轻松、开放的学习氛围。作为一名高中生，应有较为发达的思维和较强的思考能力。

第二，提升能力，学会自主学习，做务实有为的青少年。过去的我们对于积累知识是被动接受模式，老师让记什么便记什么，而现在我们学会自主学习，积极参与学习。"查，画，写，记，练，思"六字诀对我们预习课本提供了方向，我们还可以对知识点进行总结回答。学本课堂实行小组学习机制，让每位同学都担任一科的学科长，也就是每一位同学都能担任班委，可以锻炼自身的能力，发挥自己在单科上的优势，与其他同学互帮互助，共同进步，同时增强自己的信心，在劣势学科上有进取之心。此外学本课堂也给了我一个锻炼组织能力和语言表达能力的平台——当学术助理。以往课代表只有发作业，传达作业布置的任务，而现在的学术助理逐渐深入课堂，帮助老师组织课堂，对于某些问题，自己也可以像老师一样为同学们解答。

第三,提高成绩,收获新的学习方法,赢得自信。传统课堂传授的知识是固化的,学本课堂是开放活跃的。在课堂上,大家都能对展讲的问题进行补充,也可以进行质疑。有时,在同学们展讲与质疑的过程中,我们自己可以看到他们在同一个问题上不同的看法。如诗歌类题目,大多数同学得分不会太高,因为诗人所传达的感情很难体会,这时,同学们展讲得出不同的答案,思维便会活跃起来。有了这样的学习方法,我从过去的九十多分到现在长居一百分以上,对学习语文有了莫大的兴趣,有一颗想去发现语文的美的心,想去了解苏轼"持节云中,何日遣冯唐"怀才不遇的愤懑,想去领略"看万山红遍,层林尽染"的大好河山。

第四,互相协作,增强团队合作能力,为和谐人际关系奠定基础。小组学习的形式不仅有利于集思广益,学习其他同学的长处,还有利于增进同学之间的感情。小组合作团队学习考验学科长的组织安排能力,考验学术助理主持课堂的能力,考验大同学的课堂引导安排能力,更考验每一个同学在其中的参与能力。这些能力不仅仅影响我们现在,更影响我们以后的人生。

学本课堂益处多多,但是我们必须积极主动地参与,才可能利用这种课堂模式提高成绩,提升能力,获得长远的发展。求学之路,越努力,越幸运,相信未来可期。当然,路漫漫,我们会不断地求索,然后不断地成长。

学本课堂，助力成长

2019级20班　赵琳悦

"学本课堂"是一种新型的培养学生自主学习能力的课堂形式，它给我们带来的最直观的体会有以下四点。

一、自我心态的转变

自从高一入学接触到学本课堂后，我最大的变化是我学习心态的转变。之前初中采用的是传统的授课形式，基本上是老师说啥学生就干啥，感觉是被老师在推着走。但进入高中体验过一两堂学本课堂后，我发现如果不自主学习，就会跟不上。就拿语文文言文部分来说，如果课前没有完成自主预习，到了课堂上同学们一讨论和展讲时，就会听得一头雾水，不明所以。进入学本课堂后，我真正意识到学习只能是自己的事，必须积极主动参与课堂，否则就会跟不上进度，学习效果也不如别人好。

二、自我能力的提升

学本课堂不仅培养学生的自主学习能力，还旨在提升学生各方面的能力。在展讲中我增强了信心，在补充中我学到了更多的我并不了解的知识，并对其有了不同角度的看法。课前的预习也是在培养我自律的能力。学本课堂中的讨论更是一个集思广益的过程，在这个过程中我可以听到不同角度的不同答案，并总结出一份条理清晰、涉及面广、精简的答案。在作为学科长的我看来这也是学本课堂的亮点之一，我的组织能力得以提升。

三、班级总体的转变

通过学本课堂进一步的推进，我可以明显感觉到班级总体的改变。同学们的学习状态会影响到个体的状态，班集体也变得更加团结，同学们的关系也因此变得更加紧密了。就我个人而言我觉得学本课堂使我受益匪浅，对我今后的学习和生活都会产生影响。

四、个人及班级的不足

就个人感觉而言，学本课堂对我们的帮助无疑是巨大的，从中尚能发现自身以及班级中存在的问题。如个人还是会有开小差、浑水摸鱼的情况。班级中存在的问题包括，总有一些同学"占据有利位置"在课堂上充当"大评论家"，或者总是在后面讲小话，甚至完全无视课堂和老师，影响其他同学学习。以上都是个人和班级的不足，这需要大家一起努力改进。

以上是我对"学本课堂"的体会与感受，同时也希望同学们能进行自主学习，培养和提高自我能力，并对自我的不足加以更正，对班级贡献一份力量。

实施学本课堂对学生的意义和价值

2019级22班　高珏

自高中以来,学校实施的学本课堂让我对上课有了新的感受。过去的教本课堂都是老师讲,而学本课堂则是以学生为中心,主要是学生讲,老师进行补充。学本课堂为我们学生提供了一个把自己所学知识讲出来的平台,这让我们更加清楚地了解了自己在学习上还有什么地方没有学好,同时也让我们将自己会的知识用自己的方式讲出来,以此加深我们对知识点的印象。学本课堂可以说是教本课堂的一次改革,它也让我对学习有了不一样的体会,可以说它让我受益匪浅。

一、学本课堂可以引导学生积极思考问题,发散自己的思维

学本课堂倡导学生自主学习、合作学习、探究性学习。想要做到这些,最重要的一点就是学生积极思考。学本专家才来学校培训时提到了学生自主学习的几个关键字:查、画、写、记、练、思。这六个字代表了我们学生自主学习的六个步骤。"查"代表第一遍阅读,上新课前我们要自行阅读新课内容,查阅一些看不懂的地方。例如,当我们预习一篇新的英语课文时,在翻译过程中如果有什么不会的单词,我们要查字典了解其意思并进行标注,这无形中也增加了我们的词汇量。"画"代表第二遍阅读,这一遍我们会用三色笔对重点内容进行勾画。例如,数学课本上的一些公式或定理之类的。这可以锻炼我们对学习内容关键点的提炼能力,加强我们的总结能力。"写"是第三遍阅读,简而言之就是将课本上的重点知识,以问题的形式呈现在课本上。"记"是第四遍阅读,这一遍我们要对总结出来的重点进行记忆。"练"是第五遍阅读,这一遍我们会做课后习题或练习册来加强我们对知识点的掌握。"思"是最后一遍阅读,我们

边读边思考我们学到了些什么或者还有什么地方不明白。学本课堂六字诀的每一步都需要我们认真思考,用自己最适合的方式去理解它,在这个过程中我们的思维可以得到很多锻炼,这对我们未来的工作生活也有很大的帮助。

二、学本课堂可以锻炼学生的表达能力,提高个人能力

学本课堂与教本课堂有一个很明显的区别就是,在学本课堂上学生会到讲台上讲题。学生大都积极主动地要求上讲台展讲,这在无形中也增强了我们学生的胆识,这可以让我们在未来的生活中敢于主动面对困难。同时,上讲台讲题也可以锻炼我们的表达能力,这对我们未来参加工作面试有很大的帮助。对很多长大想当老师的学生来说,这也算是一种特别的实习吧,说不定可以帮助他们在实现自己的梦想后很快地适应工作,从其他人中脱颖而出。并且,讲题的同时也可以帮助我们梳理所讲题型的知识点或解题思路,例如,当我们讲完一道数学题后,如果下次遇到了相似题型,我们就可以很快地把它解出来。

三、学本课堂可以调动学生的学习兴趣,增强学生学习动力

学本课堂以小组学习为主要方式,我们学生被分为几人小组,每个小组的桌子是围成一个圈的,这方便了我们进行小组讨论,互帮互助。我们小组的每一个人都担任着一个学科的学科长,这既可以展现自己在这一科目上的实力,并帮助其他组员学好这一科目,也可以激励自己加强学习,提高这一科的成绩。除此之外,老师也会不定期地进行一些以小组为单位的抢答比赛或是其他形式的比赛,这可以激起我们学生的学习动力,我们都希望在比赛中获得好成绩。我们还有积分制度,积分也是以团队形式进行的,组员主动站起来讲题或是补充都可以为小组加分,在比赛中也可以,当然,如果组内有人表现不好也会被扣分。我们会在一定时间内统计积分,分数高的小组可以得到奖励,相反,分数低的小组会接受一些小惩罚。这也鞭策了大多数同学上课认真听课,因为他们都担心自己会连累自己的同组成员。学本课堂这些特殊的上课方式给了大多数同学一种新鲜感,在调动同学们学习兴趣、加强学习动力的同时也教会了我们什么是团结。

学本课堂作为一种新的课堂形式,它有着与教本课堂非常不同的意义和价值。教本课堂给予学生的更多的是知识,学本课堂则不同,它在教会学生知识的基础上还会给予学生一些能力,大多数的能力都与我们未来的生存息息相关,同时它还能教会我们很多处世之道。总而言之,学本课堂为我们将来适应社会提供了很大的帮助。

未来的发展，受益于学本课堂

2019级22班　余远冰

时代在发展，社会需要更多既能自主学习，又懂得团队协作，还有表达能力的优秀人才。那这就意味着，想在当代社会得到好的发展，仅单纯会"接受投喂"已经不够了，还要会"自己送进嘴里"。在这样的时代中，教学模式的改变是必然的，"学本课堂"应运而生。显然我们学校已经意识到社会对我们学生的这些要求，将教学模式由传统的教本课堂改为学本课堂是必然趋势。

学本课堂学习要点如下：第一，结构化预习。课本是学习的本，知识的根，也是高考的基础。课前完成课本的"查、画、写、记、练、思"以及工具单的"预习评价""教师预设"部分。通过预习弄明白课本中一些较简单的知识，再加上课堂上大同学的指导，小组讨论，同学展讲，我们便把知识统统揽入了大脑。课后再按质完成作业，高效吸收知识。这样一来，我们的自学能力也得到了培养。

第二，讨论、展讲及补充。根据学本课堂的要求，首先，在讨论时，小组内每一个人会分配到组内展讲的问题，先迈出第一步——在小组内几个人面前发言。然后，在全班面前发言。我们将自己理解的知识讲出来，并有同学做补充，我们的表达能力得到提高，自信心得以增强。

第三，小组团队合作学习。在小组中，每个人各司其职，共同协作，大家相互监督，互帮互助，相互鼓励。如此一来，学习似乎也没有那么难，原来求学的路，也并不孤独。小组评分机制，加上奖惩制度，充分调动了我们讨论、展讲以及补充的积极性，让我们更加主动地参与学习中来。正如《论语·雍也》中所说"知之者不如好知者，好知者不知乐知者"。我们从中学到了知识，活跃了课堂气氛，学会了团队合作。

作为学术助理(即之前所称的科代表),我得到了更多的锻炼。课前除了要完成预习,我还要和大同学做好课堂内容的沟通。课堂上我和大同学一起组织课堂,这要求我要比其他同学更认真。这也让我学会了更好地与老师沟通,与同学沟通,我的临场反应能力也得到了锻炼。

学本课堂让我获益匪浅,我不仅更好地学到了知识,各方面能力也得到了锻炼。现在的我,为我两年前报考麒麟高级中学而开心。我也感谢学校,给了我接触学本课堂的机会。

以学本课堂为舵，以实际努力为桨

2019级01班　周琪

非常幸运,在我踏入麒高的第一年,学校进行了学本课堂的改革,我得以借此机会开始自主学习。学本课堂使我们广大麒高学生能够有机会解放自己,让我们成为解决问题的主人。不仅如此,学本课堂还注重学生学习能力的培养,尤其是结构化预习能力、自主学习能力、合作探究能力、问题发现生成能力、问题解决能力等,从而将学习还给我们学生自己,将方法教给我们。经过接近两年的学习,我们都获得了明显的锻炼和成长。以我自己为例,高一时,我第一次听说了学本课堂,也第一次体验了当"小老师"的感觉。班级组建了学习小组,我当了自己喜欢科目的学科长,团队一起创建了目标,讨论着理想大学并将其写入小组创建的纸上,以及第一次讨论、展讲……这些环节都不断培养着我们的能力,促进我们全面发展。

随着学本课堂的不断开展,我也获得了更大的进步。升入高二,我很幸运地成为我们班的历史学术助理。变为这个身份后,起初,我并未适应这样的课型,课堂主持时,我经常会结巴,或者忘记了某个流程,让课堂突然"冷场"。随着时间的推移,在大同学的帮助下以及与其他学术助理的交流学习下,我的组织能力得到了提高,课堂主持时也不像刚开始那样紧张、结巴。

不仅是个人,整个小组或者团队以及整个班级都在这个过程中得到了成长。就以每个小组来讲,大同学依据每个人的各科成绩将我们均衡地分成了9个小组,在小组中,我们可以互相帮忙,学科上可以相互促进,在相互交流中,不仅增进了友谊,也让我们得以优势互补。团队创建中,从最开始的起名,同学们都是费尽心思,绞尽脑汁,都想体现团队特色,都想不同寻常。再到个人愿景,同学们都讨论着自己的大学。最后写到了团队创建的那张纸上,又到团队目标的制定，每个团队都讨论着属于自己的目标，最后写下来。这也成为我们日后奋斗的动力。

  总的来说，在这近两年的时间中，从学本课堂上，我获得了许多成长，也锻炼了自己。我变得越来越自信，也越来越开朗。学习上，在面对自己的弱科时，我也能够更坚定地去请教同学。相信众多麒高学子也和我一样，正在学本课堂中不断进步，成就更好的自己。

  让我们以学本课堂为舵，以实际努力为桨，航行着驶向理想大学的帆船！

打造高效学习课堂

2019级02班　张卿清

学本课堂,就是指以学习者学习为本的课堂。在学本课堂中,老师的身份将发生变化,老师是大同学,与学生协同合作,开展自主性的探究学习。

2019年,我校如火如荼地开启了新课堂改革。老师们进行了为期三天的培训,之后同学们开始了团队学习。变化最大、最快的要数我们班的政治课堂。

课前,改变以前传统的预习方式,进行高质量的结构化预习。严格按照预习"六字诀"进行:查,查着工具读课本。在预习时,可以根据课前提示、单元索引、配套练习册等查阅资料进行预习。画,画着重点读课本。在预习过程中,要边读边勾画重点。写,写着感想读课本。当遇到相关"知识链接"和"专家点评"时,要写阅读体会和感想。记,记着内容读课本。在阅读过程中,要边读边进行知识系统记忆,帮助自己独立合书完成相应的工具单。练,练着习题读课本。在阅读正文的基础上去完成思考题,结合上下文进行回答。思,思着问题读课本。边读边思考边生成问题,进行高效学习。结构化预习这种新型课前学习方式,不仅培养了我们的自学能力,让我们在学习新知识之前有了自己的思考和见解,还让传统课堂中忽视课本非正文部分的现象得到了较大改善。

课中,在合书完成知会清单的前提下,先由大同学(老师)们进行情景导入,了解本课学习内容;之后,对工具单进行讨论。学科长带领本组成员进行讨论并解决组内的问题,并安排展讲同学。讨论结束后,开始对单子上的每个问题进行展讲。同学们积极展示,思维活跃,语言表达流畅,课堂充满激情。展讲环节充分调动了学生参与课堂的积极性,让同学勇于展示自己的学习成果和发表自己的观点,调动了同学们的思维,提高了同学们的语言表达能力,为以后的学习、生活乃至工作中的演讲发言奠定了一个很好的基础。与此同时,学术助理进行小组评分记录,大同学针对重点问题给予点评。之后,又分发当堂检测单让同学们限时完成并公布答案,然后进行组内五级评价。课堂上,同学们注意力高度集中,全员参与,当堂巩固所学知识,及时解决课堂中产生的问题,确保了学习问题的解决不过夜,达到了高效学习的目的。

　　课后,同学们在个人随堂记录表上准确记录参加展示对话的次数和当堂检测的分数,对课堂个人和小组的表现进行综合性的五级评价。

　　学本课堂,打破了传统的学习模式,让学生成为课堂的主人,真正做到了让同学主动参与学习。学本课堂培养了学生的团队学习能力,让同学们更有效地学会、学好课本及相关知识,更实现了个人与小组成员互相帮助、融洽相处的状态,增强了凝聚力,改变了单枪匹马学习的这一局面。

　　总之,课堂是我们的主战场,只有同学与老师积极配合,同学们主动参与,老师周密准备,课堂才会有活力、有思想、有力量。只要我们勇于实践,善于总结,一定会在学本课堂中打造一个优秀的自己。感谢学本课堂,感恩推行学本课堂的学校和老师!

课堂改革让我获益匪浅

2019级02班　杨斯琪

刚刚进入高一,我们的课堂发生了翻天覆地的改变。我们从传统的课堂模式转变成学本课堂。从这个新课堂模式中我学会了很多知识,培养了一定的学习能力,特别是政治学科的学习。

学本课堂是让学生通过结构化预习、小组讨论、课堂展讲,其他同学进行补充、质疑,最终由大同学总结的一个过程。这个过程是学生为主,教师为辅。中国有个词语叫教学相长。所谓教学相长,指教和学两方面互相促进,共同提高。学生要主动学习,才会有进步。而传统的课堂模式,老师讲,学生被动接受,学生对不理解的问题,也没有及时解决。就政治学科而言,初中的我只是机械地背诵,上课也不主动,而在实行学本课堂后,我学到了很多政治知识,也了解到了许多时政知识。

学本课堂,让我更加了解课本。当今高考,都是立足于课本。而大部分同学则与之相反,丢掉课本,跳入题海。但学本课堂中的结构化预习则能让我们更加熟悉课本,"查、画、写、记、练、思"让我们至少读了六遍课本,让我们在无形之中过了六遍课本关,对课本更加熟悉。

学本课堂,让我的团队意识加强。学本课堂中的小组合作学习让每一个同学都参与课堂中,发表自己的见解,最后生成本组的答案,在后面的展讲中说出来,其他同学进行补充。如果有不懂的地方,可以质疑展讲的同学,若展讲的同学不会,本组同学可以起来回答。这有利于小组同学之间的和谐共处,团结合作,将组内各个同学的意见集中起来。而在这一过程中,一些同学进行补充,有利于扩宽我们的知识面,特别是政治课学习中,我能从中了解到一些自己不知道的知点和一些时政热点。

学本课堂,让我更好地展示自己。在课堂展讲中,同学们都积极参与展讲。展讲要求语言规范,这不仅考验一个人的自信心,更考验一个人的语言组织能力和表达能力。在展讲过程中,我不仅展示了自己,而且知道了自己的不足,也更加自信。

　　学本课堂,让我认识到课本的重要性,学会了团队合作以及表达自己,提升了自信,积极参与课堂学习。

在学本课堂中学会成长

2019级03班　袁宏玉

麒麟高中改变了传统教学方式,采用学本课堂教学法。

课前按照"阅读六字诀"要求,采用"画线学习法""QA学习法""遮纸法"等方法认真进行结构化预习,课后练习和习题会的打"√",不会的画"?";课中采用自主学习、小组讨论、展示对话等方式进行学习;课后用"3-7-15回归复习法"进行回归性学习。不得不说,在某一程度上,学本课堂的实施的确加深了同学们对课本知识的建构能力,提高了同学们的自主学习能力。

而对于我个人而言,在此期间任语文学术助理两年之余,我一点点地改变,一点点适应新课堂,我收获很大。

在这两年,我组织同学们展讲《苏东坡传》《项羽本纪》《平凡的世界》等有特色的导读单,从认真研读,到做成ppt;从怯于发言,到流利主持;从不知道怎么和同学沟通,到妥善安排各小组自主展讲安排好的题……因为要主持展讲,所以我必须在组织前就熟悉好每一个环节,比同学们不得不更认真地深入教材。"士不可以不弘毅,任重而道远。"对我来说,做好我的每一份工作,和大同学及时沟通反馈问题,和同学们完成"五级评价",这是对同学负责,也是对我自己负责。我在性格方面也有了改变,这两年,我已经能毫无怯色地站在所有同学面前。在这两年,我目睹了班上每一位同学在语文学科上的进步,过程是艰辛的,但我们未曾停下脚步。

在学本课堂期间,我们学会了小组合作学习,学会了分享、质疑。以前可能很少会有人质疑老师,就算老师讲错了,我们也会在心里认为是自己错了,不会说老师错了。长期以来,我们就有了一种惯性思维,不去思考,像一个学习机器一样,麻木地接受着老师传授的知识。而学本课堂,让我们跳出了思维的怪圈,我们在记忆的同时思考,思考老师讲的每一句话,纠正同学展讲时的错误,规范小组内存在的问题……个人觉得,这是一种教育的进步,理解知识比接受知识更重要。在学习过程中,聆听他人讲述,弥补自己不足。讨论共同问题,生发各自疑问。总结既有知识,推演未知公理。

以上就是我个人对学本课堂的心得与体会。

课堂的改革，人生的改变

2019级03班　藏正琪

学本课堂来了，我的未来也变得有了希望。

"学本课堂"是围绕以学生为学习中心，以学生为发展中心的价值取向所进行的教学改革课堂学习。学本课堂倡导"以学习者学习为本"的核心理念，目的是实现"一切为了促进学习者和谐成长、全面发展"。以"学本"为路，向着未来，向阳而行。学术课堂已经进行两年了，我感到自己学到的东西比以前加起来都多。在学本课堂上，学生负责展讲，老师负责检验和改正及补充。在这种模式下，上台展讲的同学会在课前各处请教，他们会尽自己所能把这个题目最大程度地讲透，这样一来，不仅教会了同学，自己也得以巩固，自己的成绩不就一点一滴地提高了吗？

以"学本"为灯，照亮未来。学本课堂为我们综合能力的发展提供了帮助。我以前是一个较内向的人，不爱和其他人分享，也不擅长在人多的地方说话。记得学本课堂刚开始的时候，第一节课我就被老师点起来为大家讲一个难题，题我是会的，但当我走上讲台看见下面五十多双眼睛向自己看来的时候，我脑子里一片空白，整个人紧张得小腿一直抖着，最后自己结结巴巴地讲完了，但我收到了人生中第一次的掌声。当时我深受鼓舞。到现在，我已经敢面对大家语气轻松地讲题了。这便是"学本课堂"为我带来的改变之一。

以"学本"为基，赋能人生。学本课堂是学习共同体的课堂，学习共同体是一种环境，在这种环境里，处于学习共同体的每一个个体拥有共同的目标。我们一群人坐在了一起，有了属于我们的组名、口号、愿景、组歌，我们为了自己的小组而共同努力，互帮互助，共同进步，在学习这条枯燥、孤独的路上你拉我一把我推你一下，在这种良性循环下共同成长。

从教本课堂到学本课堂,转变很大。以前教本课堂"闷闷不乐",现在学本课堂"兴高采烈"。在这里没有压抑、烦躁、逃避、厌学,只有自信、真诚、合作、快乐。

学本课堂对我来说,意义重大。我的人生得到了升华,我的未来会更好。

学本课堂改变了我

2019级04班　胡亚婷

恰逢学校进行课堂改革之时，我们进入高中，所以我们有幸跟随着改革的步伐前进，开始接受学本课堂的培训。学本课堂已经开展两年，我对学本课堂的生物教学有如下体会。

学本课堂，与教本课堂最大的区别就是课堂的主人变了，由老师变成了学生，学生不再是被动地接受知识，而是积极主动地参与讨论，主动地学知识。

进入生物学本课堂，要求我们做的有：一、认真完成结构化预习。落实结构化预习六字诀：查、画、写、记、练、思。二、课中积极参与小组讨论、展讲，独立完成工具单，积极思考、积极讨论、踊跃交流展示、落实五级评价。三、课后思考总结、生成问题清单、主动解决、自主完成知识的复习巩固。这一切调动了我们学生物的积极性。

一、课前结构化预习，让我们提前掌握了专题内容，能够自主学习知识。众所周知，生物是一门兼文科性质的理科，它需要适当记忆，而学本课堂正将这种特点很好地发挥出来。阅读六字诀让我们一遍又一遍阅读，深入了解课本，掌握课本，在预习的过程中就对该专题的内容有了一个详细的了解。再经过大同学的点拨，我们便对课本内容有了深刻的理解。

二、课中积极参与小组讨论、展讲，这不仅培养了我们的表达能力，还让我们的做题思路展现出来。高中生物知识比较杂，一节课中老师讲授的知识很多，而且都是重点，需要记忆的东西相当多。一节课下来，老师快节奏的讲解和灌输，让我们吃不消，这些都加大了我们记忆知识点的难度。而小组展讲可以及时地将这些知识进行归纳、整理，大家在上课时慢慢理解知识点。经过展讲，大家对知识的理解会更加清晰。独立完成工具单是对知识的及时巩固，在做题过程中思考，把知识融会贯通。

三、课后思考总结，自主复习，牢记知识，形成长期记忆，以便做题时信手拈来。

总之，学本课堂极大地调动了我学习的积极性，让我感受到学习的乐趣。尤其是在生物这门学科中，课堂变得更加活跃，老师与同学之间的互动也更多了，课堂上同学们的参与度也提高了，思考也更积极。我真的很喜欢学本课堂，希望麒高的学本课堂能"更上一层楼"，在以后的时间里，我将继续以学本课堂的形式学习，改进现有的不足，努力做到更好。

学本课堂,让学生成为课堂的主人

2019级05班　彭卓

两年前,刚刚步入高中的我,就迎来了学校的课堂改革——"学本课堂"。不知道它是什么,也没听说过,对于当时的我来说,这样的课堂既是一种全新的体验,同时也是未知的挑战。

如今我已经在校两年,当初新的学习模式已经成为我生活中再正常不过的一个部分。对于这两年的学习生活,我深有感触,因为我不仅收获了知识,更提高了语言能力。关于"学本课堂",我想谈谈我的体会:

一、"学本课堂"讲究教学合作,讲究有效互动,它的提出增添了教与学的新形式。在学本课堂的实施下,死板的传统课堂消失了,同学们主动参与课堂,成为课堂的主人。

二、在每节课之前,老师提前布置结构化预习任务,目的是让学生能够熟读课本的每句每字,且能够自我生成问题,将问题写在课本上,再在课堂利用小组讨论解决自己不会的问题。我认为这样的预习不仅提高了课堂效率,还大幅度地增强了我们的自学能力。

三、在精心设计的教学课堂模式下,老师巧妙地提出问题,引导同学们积极讨论。讨论结束后,学术助理配合老师进行展讲,同学们争相发言,热情参与,学习效果好。

四、在老师与学生的完美配合下,通过标准对话、分组教学,让学生享受课堂的点点滴滴,使人人能在一节课中展露风采。只要利用好了课堂,每个学生发挥潜能,积极参与学习,那么学生必将成为学习的主体,在学校舞台上全面展现才华。

综上,我认为学本课堂就是一个取其精华、去其糟粕的过程,也是一个实践出真理的过程。在学本课堂里，每位同学都能够尝试人生的第一次讲题，第一次思维和逻辑的比拼，从中明白学习的真谛。而我在每一次的展讲讨论中发现，当我疑惑不解时，与同学们一同思考交流后，思路总会清晰许多，之后老师的讲解便更加令我豁然开朗。我第一次感受到内心对知识的渴望如此强烈。相信伴随着这种学习劲头，伴随着学本课堂的不断推进，我们大家都会变得更加优秀，学习更上一层楼！

学本课堂,让课堂更高效

2019级07班　张茂凯

自2019年来,我接触到了一种新的教学方式——学本课堂。这种教学方式与以往的教本课堂不同,教本课堂是以老师为基础,带领学生学习,而学本课堂是以学生为基础,老师加以辅助,简而言之,就是学生从被动学习变为主动学习。

主动学习可以让学生更热爱学习,体会学习的乐趣,并且学会自己探索知识,这种学习方式是适合学生的。

学本课堂有三大亮点,第一大亮点:预习。通过预习可以早早地熟悉知识,对自己不懂的知识也可以提出疑问,把问题写在课本上。在预习这一块,我们有自己的独门绝技,那就是"查、画、写、记、练、思",这套招式用在英语上,简直让我们如鱼得水,我们可以了解单词、文章的意思,在课堂上更加高效地学习。

第二大亮点:讨论。讨论可以使同学们解决彼此的问题,找出共同的问题,这种方式在英语学习上十分有效,可以让同学们获得学习的方法与技巧,还可以提高同学们的学习能力。讨论有三个步骤,那就是"起立、聚首、讨论",聚首可以使同学们清楚地看到对方,以方便理解或回应。

第三大亮点:小组合作学习。这是学本课堂的精髓,小组合作学习加上预习和讨论,三管齐下,让学本课堂伸展自己的手脚,大展神威。这种小组合作学习方式,使各组竞争,营造出一种积极向上的学习氛围,将同学们的学习态度推向高潮,让同学们生发出一股不服输的劲头。

在使用这种方式的同时,老师也进行了创新,打造出一些新的学习方式,在英语这门学科教学上,我们的老师便开创出"空单子展讲"和"单词开花",提高了同学们的记忆水平。

曾经的教本课堂,就是老师传授我们知识,但这样的教学方式,难以提升我们的思维能力,难以拓展我们的想象空间。而现在的学本课堂,让我们与题目为友,与老师为伴,使我们主动地学习,并且使我们在思维能力和想象空间两方面有了极大的提升。

使用了学本课堂这种课堂模式后,我深深地了解到,学习不能被动。主动学习才能够获得更多的知识,要做到不懂就问,正所谓"人非生而知之者,孰能无惑?"

相信在大家的共同努力下,学本课堂会发展得越来越好。

学本新法创高效课堂

2019级10班　严秋桐　王定翰

自2019年9月,麒麟高级中学正式开始实施学本课堂教育。学本课堂,顾名思义是以学习者为本的课堂,学生也从被动学习转为主动学习,教师身份也发生了改变——教师变为大同学。也就是说,在学本课堂中,没有纯粹的教师,学生们将和教师共同围绕着核心问题展开自主性的探究学习。

学本课堂创建小组团队学习机制,将班集体按一定人数分为若干个小组,组内每一位同学都要根据特长担任某一科的"组长",协助学术助理和大同学管理本组内的其他同学。该类做法使每一位同学都"有事可做""有责可担"。这样各位同学在学习知识的同时也将自己的长处发挥出来,使自己更有信心更有担当。在培养学习本领的同时,培养了个人意志与责任担当,小组合作则促使同学们学会合作与协商,思维方式更加多样。

学本课堂创新新式预习内容。查、画、写、记、练、思,使预习效果更出彩,学生在这样的预习方式下,对于新内容的认知更有深度。这使得学生的学习效率更高,效果更好,起到了事半功倍的效果。同时在学习过程中,学生本身的学习能力与意识也得到了培养。

学本课堂搭建解放学生、让学生自主解决问题的平台。学本课堂注重学生能力的培养,在学本课堂的实行中,将课堂还给学生,打破了老师主讲的局限。学生自己展讲、展评,培养自己的能力,在获取知识的同时也收获了一个阳光大方的性格。

学本课堂不仅传授知识而且促进学生进步,学生在掌握知识的同时,综合学习能力得以提升;在讨论展讲时,发挥自身优势,在团队合作中,学会合作交流。学本课堂促使学生全面发展。

学本课堂下的自我成长

2019级11班　杨瑾

我是一名准高三学生，我很幸运能进入麒麟高中学习。在这个大家庭中我感受到了很多温暖和快乐，同时在独特的课堂教学模式下，我成长了很多。

记得刚来到新班级的时候，老师让我们每个同学做自我介绍，上台的同学大多能用流利的普通话大方地进行自我介绍。有的人幽默风趣，有的人大方得体，有的人侃侃而谈。而我坐在座位上拼命地想着我的开场白，到我的时候，只记得当时开口说的第一句话就引来了全班的哄堂大笑。面对这种情况，在脑海中想了千百遍的开场白早已荡然无存，我也只能硬着头皮，继续我的介绍，然而嘴巴好像不听使唤一样，发字都是一个一个往外蹦，最后在众目睽睽下慌忙跑下讲台，仿佛经历了一场生死攸关的大战一样。那时的我腼腆、胆小、不自信。当很多双眼睛盯着我时，我不敢大声讲话，因为害怕说错，也害怕我那蹩脚的普通话会成为大家茶余饭后的笑话。

后来为了锻炼自己，我申请当了语文学术助理。在学本课堂体制下，每个人的自我展讲能力都得到了很大的提高，我也不例外。为了主持好课堂，我要在课下一遍又一遍地把握课堂流程，规范课堂用语。当然为了不被嘲笑，我练习普通话，努力表现得大方得体。

我至今记得我主持的第一次公开课的情景。当我得知会有很多老师来听课的时候，仿佛五雷轰顶，我知道该来的终究会来，可是没想到这个挑战来得那么快，对于当时的我来说这就是一个不小的挑战。也许是我还不够自信，对于自己的能力心存质疑，害怕搞砸老师精心准备的一切，害怕很多人的目光……但是没办法，自己的选择，再难也要面对。虽然那次公开课我还是没有表现好，但是老师没有怪我，她跟我说得最多的一个词就是"没关系"，在每一次

"没关系"过后，我也会一遍遍告诉自己，下一次一定要做得更好。

我很庆幸当初自己没有放弃。一次次的课堂主持，一次次的交流对话，一次次的目光聚集……不知道多少的一次次，改变了我。现在的我可以大胆、自信地站在讲台上，大方地表达自己。那个当初说话结巴且不自信的小女孩长大了，在这个过程中她成长得很快，收获也很多，这样的经历和体验很美妙。

如果没有学本课堂，也许我还是不敢当着很多人大声说话，也许我依然不自信。但是学本课堂又真切地改变着我，改变着我们每一个人，改变着我们的学习方式，培养着我们的自主学习能力、语言体系。对于我个人而言，这种上课方式是我接近梦想最好的方法，站在讲台的感觉真的很棒，我愿为我的梦想努力奋斗。

此刻回忆过往的种种，人生就是一个不断成长的过程，而在学本课堂的帮助下，每个人都在完成自我的成长。经历过风雨的洗礼，我们最终都会守得云开见彩虹。

学本课堂，快乐课堂

2019级11班　陈芝伶

我校自2019年实施学本课堂以来，经历了一个又一个变化，从刚开始的小组创建，组名创建，到合作学习，相互交流。一些同学从一开始的胆小害羞变成了大胆积极，这确实是一个质的飞越，也是一个个学子在学本课堂中的自我提升。

在学本课堂循序渐进的推动下，我们的课程进度加快了，我们的自主学习能力得到了提升，回答问题的能力也得到了锻炼。我们刚开始对这个学本课堂持好奇和怀疑的态度，毕竟我们是第一次尝试学习方式的改革，但是我们逐渐接受了它。

和以往不同的是，这样的课堂更快乐，更容易调动我们的积极性，不仅活跃了课堂气氛，还提高了学习效率。包括基础不好的同学，在课堂上也获得了一定的发言权，思辨能力得到培养。师生之间的关系也发生了改变，不再只是老师说我们听，我们也敢于质疑，敢于提出自己的不同观点和问题。这样的课堂就是合作互动的高效课堂。

对于英语学习来说，学本课堂的阅读六字诀"查、画、写、记、练、思"，让我们对英语单词和文章的记忆更加深刻。对于英语阅读课文，我们先自主学习、思考，再来让懂的同学帮助不懂的同学，这样增加了我们的求知欲与表达欲。最后再让大同学为我们解决我们无法解决的问题。每个单元各类工具单的使用，使我们的词汇量得到了积累，对每个单元中呈现出的语法也越来越熟练。我们特别注重词汇的拓展，在经过一段时间的训练之后，我们都知道如何拓展自己的词汇量，对词性也更加熟悉。比如写到 fit 或者 possible 之类的形容词时，我们不仅要根据中文来拓展它的其他派生词，还要顾及它同一词性的反义词是不是常考词汇。做完预习评价部分,紧接着就是我们的问题训练,这里有每个单元我们要掌握的每一个词、语块、句型和语法知识的习题,不论是从句式入手还是从时态、固定搭配入手,自己对知识点的运用程度一目了然。在小组讨论过程中要虚拟向同学学习,开展互助合作。这对于十多岁的我们来说无疑是一种合适而更有效的学习方法。

在学本课堂进行的这一年多时间里,不少初中英语成绩偏弱的同学现在已然大幅度提升了英语成绩,这要归功于学本课堂。"以学为本,以教导学,还教于学",这也是学本课堂的核心和优势所在。

我相信在学本课堂的推动下,我们的学习兴趣会愈发浓厚,英语成绩也会有更大的提升。

践行学本课堂，建构高效课堂

2019级12班　叶颖

学本课堂，顾名思义，就是以学习者为本的课堂。学生和老师在学本课堂上高效学习，改变了以往学生被动的学习方式。高一刚入学不久，我们的课堂就变成学本课堂的模式，刚开始时，只觉得这样的小组学习便利了同学之间的交流，后来，我渐渐发现这样自主探究性的学习方式使人受益不少！

在学本课堂中老师就是大同学，课上，老师和我们协同合作，共同围绕核心问题展开学习，在一定的时间内合作讨论生成答案。追求课堂的高效率是每一位老师不断追求的目标，以前的课堂上，老师讲解知识点和单词语法时，我们接受知识能力不同，最后结果也不尽相同。我认为，学本课堂能够使师生关系最大优化，从而使这种知识的传授与接受的内在联系更加强化，师生为共同的目标而努力，共同构建知识力发展体系。

课堂高效率的关键因素之一：课下预习。我们的课下预习一直坚持"查、画、写、记、练、思"的步骤，深挖教材，读透教材。英语学科的句子和单词需要我们不断的重复和强化记忆，而这样一遍又一遍地吃透教材，不仅可以使我们的记忆更加牢固，还可以使我们牢牢掌握知识点的重点与难点。我们在课下刻苦钻研，大同学在课上积极引导，这样一来，我们的学习效果更好了。

其中令我感触最深的是讨论环节，以前的课堂上，我们一节课四十分钟全都是机械化地记忆老师所传授的知识。而现在，我们能够通过讨论展示自己的观点，大家的思维在讨论中不断碰撞，不断发散。这个过程加深了我们对知识点的理解，更能提高我们的积极性，而我们的课堂积极性也直接影响课堂效率。讨论时，我们有了独立思考的自由空间，使师生真正地互动起来。

在英语学科的学本课堂中，我们的口语水平得到了较大提高，小组式的学习加强了我们的交流。我们在互相帮助中学习,取长补短,促进自己的英语成绩提高。

　　学本课堂,构建了一个多元、自由的学习氛围,在这样一个良好的氛围里,我们深受感染,全心投入。

学本课堂，自主的课堂

2019级13班　代杨娜

2019年7月，我校倡导并实施了学本课堂，即在课堂教学中以学生作为学习的主体，进行自主学习，成为课堂真正的主人。而老师只是学生身旁的指导者和引路人。学本课堂重在培养学生的品质、学习习惯和自主学习能力，并以此为根本开展教学活动。

我认为学本课堂可以分为课前预习、课堂讨论与展讲、课后多元评价这三大部分。课前的自主结构化预习的环节为查、画、写、记、练、思，以培养学生自主学习的能力。课堂讨论与展讲则是最为主要的部分，课堂成为学生展现才华的舞台。老师变身为大同学将任务布置给学术助理，由学术助理主持课堂讨论，组织展讲，分为9个小组的同学们合作学习讨论，接着派出代表进行展讲，最后由大同学进行总结。此环节大大地提升了学生的表达与交流能力。课后的多元评价环节使学生对自己有更好的认知。

整体和部分是相互联系、密不可分的，学本课堂是整体，学生和老师是部分；整体离不开部分，关键部分的功能及其变化甚至对整体的功能起决定性作用。学本课堂的成功与否在于学生的配合落实与否。分组教学，小组合作式学习，让学生主动参与，乐于参与，集中智慧，使人人都能在一堂课中展露风采。每个学生都是一个具有个性的生命体，都有属于自己的独特的见解，小组合作学习能让我们每个人发挥潜能，轻松愉快地参与学习，成为学习的主人。在课堂教学中，同学们针对大同学布置的任务，进行小组讨论，从讨论过程中发现自己的不足，完善自己的答案，锻炼自己的合作交流、沟通能力。讨论过后，学术助理组织同学们展讲来论证自己的观点，若有疑问可向大同学请教，如此一来，通过师生对话的形式，就可简洁地解决难题。一节学本课堂模式的英语课结束后,我们在单位时间内充分完成了学习任务,纠正了读音错误,丰富了知识点,培养了我们的语言表达能力,我们的思维更加活跃。

对于学本课堂,要一分为二、全面地看待。学本课堂的实施也存在缺点:对于结构化预习,要求读6遍,可同学们的课余时间也很紧,需要花较多时间去完成。课堂中的小组讨论环节,存在部分同学借此闲谈的情况。

我们应该注重研究新情况,善于提出新问题,敢于寻找新思路,开拓新境界。对于学本课堂,我认为可以在基本模式不变的情况下做一些创新。例如:若本课语法难点较少,可用ppt的形式呈现,ppt中某些部分可轮流让学生来做。这样也增添了课堂的趣味性,提升了学生的动手能力。

学本课堂的主体是我们,学习的主人是我们,只要我们真正理解了学本课堂的内涵,做好我们应该做的,我们一定可以"更上一层楼"!

践行学本课堂,提高课堂效率

2019级15班　余文丽

自我们高一进校以来,学校的教学模式就进行了改革,变成了学本课堂。具体而言,学本课堂就是教师和学生协同合作,共同围绕着核心问题自主性地探究学习的课堂。学习目标以问题化呈现,变描述性学习目标为问题探究学习目标,在规定的时间内,通过小组之间分工合作、交流,从而解决问题。这种模式是为了培养我们终身学习的能力。

在传统的教学模式中,学生基本都是依靠老师上课,少有主动思考,导致上课时,学生经常云里雾里。学本课堂实施之后,学生运用"查、画、写、记、练、思"六部曲进行结构化预习,将简单的问题解决,然后再深入地去了解课本,深层次地理解课本。这样一来就提高了学生的学习效率。

在上课时,学生作为课堂的主体,教师作为辅助,共同完成上课环节。通俗来讲就是学生讲给学生听,老师倾听,学生通过自己的思考,小组与小组之间的讨论,在小组当中进行思维的交流,分工合作,从而整合出完整的答案。学本课堂让许多不爱讲话、不擅长表达的学生得到了一次次发言的机会,树立了他们的自信心。

学本课堂还可以敦促学生学习。组长、学科长、学术助理各司其职,帮助同学不断进步。在学本课堂的引领下,我们终将成功。

走进学本课堂，构建学习共同体

2019级16班　高雪

自2019年以来，我校将校本课堂向学本课堂转变，旨在培养自信豪迈的新时代少年；培养高质量，高水平，高层次，适应新时代和我国发展的高质量的接班人。

学本课堂是以学习者学习为中心的课堂，这里的学习者不是单一指学生，而是包括学生、教师和参与者。在我看来，学习型课堂是能够让学生、教师及参与者学会学习、学会终身学习的课堂，追求的是能力取向的教育价值观。学本课堂是学习型课堂，是学习者学习共同体课堂，是针对教本课堂弊端而提出来的。日本教育家佐藤学在《教师的挑战：宁静的革命》中写道：全世界学校的课堂都在进行着"宁静的革命"，都在由"教授的场所"转换为"学习的场所"。从目前国际课堂教学发展的趋势来看，构建学习共同体是提高学生学习兴趣的有效途径。

而学本课堂的开展有一定的利弊，对大部分自律的同学来说，自然是有很大的益处，但对于少部分自律能力和自控能力不是很好的同学来说，必然是弊大于利的。因此，学本课堂应多加强小组团队合作能力的培养，让每一位同学都能够参与进来，从而促进同学的共同进步。就本班的英语学习情况以及同学们的反映来看，学本课堂开展的优势如下：

1. 让学习者成长为真正的课堂主人；
2. 增强了同学们学习英语的动机；
3. 使同学们有了一定的自主学习意识；
4. 增强了自信心和自主学习能力；
5. 促进同学们全面发展。

学本课堂最大的好处是让我们真正地成为学习的主人。从学本课堂中我们学到了一套完整的学习方法。在英语学科上，我们学会了阅读六字诀"查、画、写、记、练、思"，课前从预习开始，学会自主探究学习，发现问题，整理问题；课堂上的展讲、展读，丰富了课堂学习内容，活跃了气氛。同学们质疑补充，大同学规范完善；课后完成训练单，加大知识巩固力度。每个同学都能找到自我价值，都有发言的机会；能就熟悉的话题进行交流，提出问题并陈述自己的意见和建议；能在教师的指导下主动参与计划，组织和实施语言实践活动；能主动扩展和利用学习资源，从多渠道获取知识。

　　总而言之，学本课堂的开展在一定程度上对学习者能力的提高起了较大作用，而想要坚持学本课堂的学习方式以及教学方式，我们还需进一步的探究。

借助学本课堂,培养自主学习能力

2019级17班　韦媛

政治学科对我们中学生的思想政治学科核心素养即政治认同、科学精神、法治意识、公共参与素养有较高的要求。为达到这一要求,学校采取学本课堂的学习模式,培养我们的思想政治学科核心素养。在这一过程中,我有较为深刻的学习体验。

学本课堂上的背诵、讨论、展讲、展写、训练、评价的学习流程,大大提高了同学们的学习效率,激发了同学们共同参与学习的热情。同时,有利于营造积极活跃的学习氛围,让每个同学都有展示自我的机会。这样的学习氛围能为我们的学习生活增添一份激情与乐趣。

学本课堂不仅仅在课堂上发挥作用,对课后的复习回归也有极其重要的作用。政治课堂结束后,学生根据学本课堂的要求及时细化、完整地复习课文,然后合书画出每一单元的思维导图,高质量完成课外练习任务和口头背诵作业,以加深对知识点的记忆和掌握答题技巧。

此外,学本课堂还对学习过程中所要用到的学习工具有严格规划,如笔记本、作业本、默写本等。我们对政治学科的学习不仅仅在教材内容上,还在笔记本上。对于一些重要的考点要记录在笔记本上,并背诵默写在默写本上,并将一些重要考点记录在作业本上,这样在每次考试前便于查找和翻阅。

学本课堂的学习使我对政治学科的学习有了更深层次的理解,也让我掌握了许多既有效又便利的学习技巧。相较以往传统的授课方式,我认为学本课堂有其独特的作用,使我对政治学习产生了浓厚的兴趣。

学本课堂对于培养学生的自主学习能力有立竿见影的作用。在政治课堂上,我们通过学本课堂模式掌握了许多政治学习的方法,如小组讨论,解决政治学习过程中的疑难问题,集思广益等。此外,我们还根据学本课堂模式印发了政治知会清单,查缺补漏,巩固记忆。

学本课堂系统化地培养了学生的学科素养,使我们能够有针对性地开展学习,顺利完成政治学科学习任务,高效达成夯实基础的学习目标,在政治学科上全方面发展。

总之,学本课堂对政治学习有很大的促进作用,不仅能够帮助我们培养解题能力,还能提高我们对政治学科的学习能力。我们会成为优秀的时代青年。

发挥学本课堂优势,提高学习效率

2019级17班　刘婵

学本课堂实行小组学习制,6~8人一组,合作学习,互相帮助,互相竞争,以提高了同学们的学习积极性。同时,授课老师被称为'大同学',这一称呼很好地拉近了同学们和老师之间的距离,让老师能够更好地了解同学们的学习情况。与传统课堂不同,学本课堂以学生为中心,更注重培养学生的自主学习能力。进行了一年半的学本课堂学习后,我收获了很多。

刚开始实行学本课堂时,我还不太适应,但后来我发现这样的课堂是可行的,是正确的,是成功的。我从开始的生疏、茫然,到现在的熟练,得心应手,其间经历了许许多多,这些都是我学习过程中的宝贵财富。

从语文的学本课堂中我学到了很多,我积累了许多写作时的素材,扩宽了自己的思路,学会了从多方面的角度来看问题,看到了自己的不足,这让我成为更好的自己。我从胆怯变得开朗,更加自信了。此外,在语文学本课堂中,我积累了很多的文言知识。学本课堂提升了我的学习成绩,帮助我解决了许多我不会的难题,让我学会了独立思考。

学本课堂对班级建设也发挥了积极的作用。课堂上有展讲的环节,由学术助理带领大家展讲,以形成了良好的学习环境,让同学们都能最大限度地参与进来。小组团队合作也加强了班级的凝聚力和团队意识。初到班级时,大家互相不熟悉,正是小组拉近了大家的距离,让大家熟悉了起来。而且经过长时间的相处,大家已经离不开自己组的组员,向优秀的组员请教问题,成为一件再正常不过的事情。这让我们的班级变得坚不可摧,凝聚了满满的"团魂"。

学本课堂有鲜明的优势特点,但仍然存在不足。在某些时候,因为同学们讨论太过激烈,在一个问题上耗时过多,导致课堂推进很慢。除此之外,学本课堂将自主权交给了学生,对于大部分同学而言,这无疑是锻炼了他们的自主能力,激发了他们的自觉性,但对于另外一部分学习不够自觉的同学来说,他们的进度变慢了。总的来说,学本课堂的优点多于学本课堂的不足,并且我相信,在大家的共同努力下,大家会有更大的收获。

  学本课堂让我收获了很多,我认为,在这样的学习环境下大家也应该更加努力,时刻思考,敢于质疑,敢于提问,努力提升自己。

自我学习能力才是最好的老师
——学本课堂心得体会

2019级18班　龚超凡

我进入高中两个月后，我们学校就进行了"学本课堂改革"。学本课堂是以学生自主学习为主的课堂，教学不再主要依靠老师的教，而是依靠学生的学。在学本课堂中没有老师与学生，所有的课堂参与者都被称为同学，老师是大同学，我们学生是小同学。在学本课堂进行前，所有同学要对课本上的新内容进行六遍的结构化预习，也就是六字诀"查、画、写、记、练、思"，在课堂进行中由学术助理主持开展课堂，主要是以小同学的讨论、展讲、补充以及大同学的补充与展评为主。

具体来说，学本课堂就是教师与学生协同合作，共同围绕着核心问题开展自主性的探究学习，在单位时间内解决问题，实现学习目标，促进老师和学生共同成长的课堂。在师生关系方面，学本课堂有别于传统课堂，师生关系不是上对下的授受关系，而是真正意义上的平等人文和谐的发展关系。师生为了共同的目标而相互合作，相互帮助，追求的是一种真学习。在教学关系方面，师生不是传授和告知关系，而是合作学习、共同构建知识发展能力的关系。师生共同创建小组合作团队学习机制，创建人文、自由、开放、多元、灿烂的学习氛围，学生得以实现真实、自由、自主的阳光学习。

学本课堂教学主要不是依靠老师的教，而是依靠我们学生的自主学习，老师的主要作用就是引领作用、补充作用。在我们遇到经过讨论也无法解答的难题时，先由老师给我们指明一个大体的方向，提一下具体的解题思路，再由我们自己独立完成。在小组展讲结束、其他同学也没有质疑和补充后，大同学开始对我们的展讲进行补充和评价。

人的起点非零，在基础教育阶段，很多知识都可以在生活中找到，而不仅仅是教材中。在教学中老师应该充分引导学生，让学生自己去做、去发现、去研究、去感悟。教育应该在此基础上进行，充分尊重和依循生命的本质，教育才可能是"人的教育"。

经过两年的学本课堂，我们学会了"六字诀"结构化预习，养成了独立思考的能力，我们有勇气站在讲台上，对未来也有了新的看法。

学本课堂带给我们的不只是高中三年学习成绩的提升，还带给我们好的学习习惯，比如我们学会了结构化预习，主持课堂，上台展讲的能力也得以提升。学本课堂还为我们的终身学习和发展奠定了坚实的基础，让我们在以后的学习中不会轻易地迷失方向。

学本课堂激发学习潜能

2019级18班　解雨霏

在高一开学不久，我校即实行"学本课堂"教学改革。一开始，大家都很好奇："什么是学本课堂？""它是用来干什么的？"随着日子一天一天过去，我们对学本课堂都有了进一步的了解，并将它广泛运用到了日常学习生活中。

学本课堂，顾名思义就是把学习的主动权还给学生，让学生成为课堂的主角，把培养学生学习兴趣、学习习惯和学习能力作为课堂教学的关注点，努力实现"以学为本，以学定教；以教导学，以学促学；还教于学，共同成长"的课堂教学模式。角色的转变，让老师从主讲者，转变为倾听者，变为学生小组学习的合作指导伙伴。老师真正走下了讲台，来到了学生中间，课堂学习气氛轻松自在。

学本课堂要求遵循"查""画""写""记""练""思"的预习方法，上课前将学习内容通读六遍，对照注释、资料自主预习，运用三色笔勾画、批注；提出问题，课堂上针对不理解的问题由学科长带领组员进行讨论，讨论结束后进行展讲；教师在这一环节中主要负责解答同学们普遍不理解的问题，或针对这些问题进行规范补充；学生课后完成工具单，复习巩固上节课所学的知识。

正如韩立福教授所说："学本课堂，是指以学习者学习为本的课堂。"在学本课堂中，没有纯粹的教师，教师身份将发生本质性变化，教师是大同学。教师和学生协同合作，共同围绕着核心问题开展自主性的探究学习，在单位时间内解决问题，实现学习目标，促进教师和学生共同成长的学习活动。教师在课堂上强化学生的质疑，加强对学习方法的指导，及时给予评价，并适时给予学生鼓励，让学生勇于提出有价值的问题，真正把学习主动权交给学生，真正让课堂属于学生。

学本课堂带给了我们不少好处,不少同学第一次上台展讲时,都存在害羞、展讲声音小、放不开等问题,但随着课堂的不断完善,如今,不少同学展讲自如,补充完善,课堂气氛也越来越活跃,这也达到了学本课堂实施的目的。学本课堂自主学习模式,能够锻炼我们自主学习的能力,激发我们的潜力,培养我们养成良好的学习习惯,加强团队合作意识。这些对我们今后的学习和生活,都有很大的帮助。

　　与此同时,学本课堂也带来了新的挑战。在学生展讲完毕后,教师需要做出高度概括和总结说明,这无疑是增加了教师的备课量,同时也考验了教师的教学水平。教师只有做到全面系统地备课,并不断提高自身素养,不断创新,才能完成教学任务,体现自身的价值。

　　通过学本课堂,我学习到了不少知识,高三升学在即,在剩下的这一年中,希望大家都能利用好学本课堂这一平台,不断突破自我,考入理想的大学,实现自己的梦想。

学本课堂让机遇与挑战并存

2019级19班　巴慈惠

在我们高一刚入学不久,学校即进行教学改革,实行学本课堂教学模式。上课不再像以前一样由老师在讲台上进行讲解,学生坐在下面听课。进行改革后的课堂以同学们自主学习为主,称为学本课堂。

何为学本课堂?简而言之就是减少老师在课堂上讲解的时间,增加同学们学习的时间。通过开发的工具单让同学们对本章节的内容进行思考,讨论,完成工具单。在课堂上同学们自主说出自己的答案,邀请其他同学进行补充,质疑,最后由老师(这里称为大同学)来归纳正确答案。这有利于提高同学的语言表达能力和随机应变能力。两位甚至多位同学在课堂上进行简短的辩论,不仅有利于学生从多方面思考、分析问题,而且可以引发两种或是多种思想的碰撞。

学本课堂的实施不仅使同学积极、开朗起来,更使得那些害怕交流而常常躲在角落的胆小的同学勇敢站起来,表达自己的观点。同时也培养了部分同学的责任心与自信心,为同学们以后在公共场合自信发言打下了坚实的基础。

同时,在学本课堂的进行过程中也会出现许多问题。首先,学本课堂要求课前结构化预习,这种自主预习就需要同学们有高度的自觉性。但同学们普遍在小学、初中阶段都没有养成自觉学习的良好习惯,在高中阶段要短时间内养成自觉学习的良好习惯是非常困难的一件事。其次,只有少部分同学能做到自主自觉学习,这导致了同学成绩两极分化严重。再次,进行学本课堂会带来大量作业,同学若不能合理安排时间,作业也不能及时完成,会有高度的紧张和压迫感。

学本课堂教学模式对各科任老师、各学术助理、各学科长都是极大的鼓励,同时又是极大的挑战。

我作为学术助理,要督促同学完成作业,也要与优秀的同学共同奋进,不忘记自己的使命与责任。我们都要拼尽全力使这个班级更好,向更灿烂的明天前进。

学本课堂，当课堂的主人

2019级19班　杨自艳　张彤

我校开展学本课堂已经有相当长的一段时间了，现在已经形成一套独立且较为完整的学本课堂体系。在这个艰难的探索过程中，我们既是参与者，也是这场改革浪潮最大的受益者。学本课堂，把课堂交给学生，让老师让位，但老师从未缺位。老师不再是课堂的主角，取而代之的是若干个同舟共济、相互合作、共同进步的小组，小组成员对课前梳理的问题进行争辩、讨论、归纳、总结。由"学科长"确定"发言人"，老师作为大同学，对同学们讨论中出现的问题进行点评、补充。课堂气氛变得和以前不同了，每个学生更积极地发言，都参与其中。

学本课堂改变了以往"满堂灌"的教学模式，我们可以在小组合作中大显风采，真正成为学习的主人，课堂的主角。学本课堂给了我们独立思考的机会，在小组内的合作学习也让我们的思路更加清晰。

英语学科的结构化预习比其他学科的要复杂一些，课文中出现的生词较多，我们需要借助小词典进行查阅。我们也需要更加深入地思考。查、画、写、记、练、思的预习模式可以帮助我们产生一些深层次的问题，在上课时我们把自己的问题带到小组内讨论，往往都能一一解决。

我们需要在课堂上成为主人，在学习过程中训练自己独立思考的能力和良好的沟通能力，收获全新的自己。学本课堂改革为我们打开了一个新天地，我相信随着学本课堂改革的不断深入，我们能迅速成长。

在学习过程中，小组内的每一位同学都是主角，学本课堂是属于我们的课堂，我们应当是学本课堂的主人。

千篇一律不如万里挑一

——学本课堂学习心得体会

2019级20班　陈涛丰

学本课堂，是指学习者学习为本的课堂。在学本课堂中，没有纯粹的教师。在教学关系方面，师生之间打破了原有的关系，成为一种新型的友好合作关系。学本课堂，可以提高学生的学习能力，有利于学生塑造幸福人生。

学本课堂最核心的部分和对学生最有利的地方就是凸显小组团队合作学习，全面提升学生的核心素养——学习力。它通过小组合作、展示对话来解决问题；通过多元拓展来构建知识；通过高级思维来培养能力、发展情感，鼓励将学习还给学生，将方法交给学生。这种模式超越了个体接受式的教学范式，走向了团队成功的学习方式，激发了学生的潜能，培养了学生坚强的意志品质，让学生收获幸福人生。在一个班级中，同学们被分为若干个小组，每个小组一般是6~8人，在每个小组当中每个组员都会担任其擅长科目的学科长一职，并通过小组讨论和合作来共同完成与解决难题，这有利于提高学生的自主学习能力和团队合作能力。在展讲过程中，通过学生进行展讲和其他同学积极补充，可以开拓学生们的思维，从而使得学生在自己展讲的基础上也吸取别的同学的意见来掌握新的思维和知识点。在学本课堂中，我认为培养学生自主学习能力和习惯的一个环节就是让学生们进行结构化预习。结构化预习是有计划、有步骤地进行课前学习的一个过程。结构化预习要求学生们按"查、画、写、记、练、思"六步学习法来进行课前预习，这有利于培养学生的学习习惯，提高学生的学习效率。

对我个人而言，学本课堂对我的影响和意义都非常的大。通过小组合作与展讲，我提高了自信心与社会实践能力以及语言交流能力；通过对其他同学展讲的质疑和补充,我培养了质疑精神;通过结构化预习,我提高了自主学习的能力,也提升了听课和做作业的效率。学本课堂真的使我改变了很多,例如数学学科,在学本课堂未实施之前,我的数学成绩一直都不太理想,不会的题过了也就放着不管了。可自从学校实施了学本课堂以后,通过小组合作,我渐渐对数学产生了兴趣,在小组讨论和组间展评的时候我可以向其他同学寻求帮助,解决了一系列的难题和不懂的题。三国名士诸葛亮在《与群下教》中曾云:"夫参署者,集众思,广忠益也。"这充分说明了集思广益的好处,正是因为学本课堂,才让我们学生有了集思广益的机会,我的数学成绩也在不断地提升与进步,当然,其中不仅有学本课堂的功劳,还有辛勤付出的老师们的功劳。学本课堂对我们学生的成长也有极大的好处,它可以培养我们的社会实践能力。苏联智者车尔尼雪夫斯基曾说过这样一句话:"理论上一切争论而未决的问题,都完全由现实中的实践来解决。"学本课堂具备了培养学生实践能力的特点,这有利于我们的成长,并为我们以后立足社会打下了坚实的基础。学本课堂还能够提高我们学习的积极性,为我们将来的幸福人生做铺垫。

  时间是一只藏在黑暗中的温柔的手,在恍惚之间,物换星移。因为学本课堂,如今在我们每个人的气质里,都藏着我们走过的路,读过的书以及所爱过的山川河流。对于将要面临高考的我们,学本课堂为我们的高考和人生道路提供了经验、打下了基础。青春是用来奋斗的,沉淀过往迎着星光,当我们从题海中蓦然回首,冲锋的号角已经吹响,也到了我们奋力拼搏的时候了。学本课堂用智慧培育理想,而我们用汗水驾驭期望,用勤奋编写乐章。自从实施了学本课堂以后,我们逐渐有了人生的目标,我们渴望幸福的人生,更期待自己崭新的学习生活。学本课堂是我们走向成功的基石。

  愿岁月不负天地,愿此生辽阔高远,我们永远年轻,永远热泪盈眶,永远追逐梦想。感谢学本课堂给我们带来的一切!学本课堂,一个塑造学生优秀品质素养、赋能幸福人生的课堂!

以学本课堂为舞台，发展个人能力

2019级21班　王嘉峰

学本课堂的施行从开始到现在已近两年之久。这次改革，无论是从学校，老师或是学生层面而言，都是一个空前的挑战。而在这个挑战中，我们都有着自己的见解和感受。现在，我仅谈谈我对学本课堂模式在物理学科上施行的心得体会。

学本课堂是对原本教本课堂的一次全新的改革，它一改以"教"为中心的传统教学方式。在这种模式中，再无老师出现在课堂中，他们摇身一变成了"大同学"，而我们则是一堂课的主要参与者——"小同学"。在这种模式下又增添了许多职务由我们"小同学"担任，学术助理是一堂课的主持，负责他所担任学科的那一节课的任务布置及课堂流程的安排、主持。因为课堂模式是讨论展讲的形式，所以对各班同学进行了分组，各组有各自的小组长，又有担任各学科的学科长。各职务有着各自的职责，他们互相配合制约，确保每一位学生都积极投入课堂的学习中去；并且让每一个同学都有职可当，有责要负，可以充分地展示自我，让课堂变成展示自我的"舞台"，变成了让思想激烈碰撞的"角斗场"。

学本课堂对小同学和大同学都增加了难度，小同学要讨论解决问题，而大同学则是解决全班的共同问题和引导小同学思考。这些不仅让同学们打开了思维，也让每个人在展讲过程中锻炼了自我表达能力。

学本课堂的结构化预习环节提升了我们获取知识的能力，我们在文字中提取重点将知识问题化，对所学内容提前建立起一个属于自己的知识框架。我们再通过与"导读单，评价单"等工具单的相互配合，实现了真正的自学，提高了学习效率。

这种模式对我们的好处也是很多的。它不仅提升了我们获取知识的能力，也提升了我们对知识的运用能力；不仅使我们学到了随机应变的能力，也提升了我们的自我表达能力。它让我们更敢展现自己，也更会展现自己，为我们今后走上社会打下基础。

　　物理这门学科，需要很强的逻辑思维能力，且需要深入思考，它不同于其他两门理科——生物和化学。这两门学科主要是以记背为主，而物理却是以理解为主，记背为辅。学本课堂模式里，结构化预习中的六步法可以帮助我们更好地理解知识点，而且可以发掘出我们的问题。在结构化预习完成后，加上工具单的辅佐，我们不仅能加深一些概念性知识的印象，我们还能参照上面的练习快速查找自己没挖掘出来的知识点。

　　学本课堂的讨论展讲模式也与物理学科的性质非常契合。物理学科中的许多题不仅只有一种解法，拿力学上的物体运动来说，求它的速度不仅可以用牛顿运动定律，也可以用能量守恒定律或是动量守恒定律等。学本课堂上的讨论展讲可以让我们获得更多的解题思路，完善我们的解题思维，我们的学习效率也随之提高。

　　总的来说，学本课堂带来的不只是学习积极性的提高、学习技能的提升，还有社会交流能力和实践能力的提升。我坚信麒麟高中会在学本课堂之下越来越好。

学习学本课堂,不断改变自我

2019级21班　康晏奇

我校实行学本课堂教学改革已经有了两年的时间,放眼全区乃至全市,我们都是第一个吃螃蟹的人,这是一次前所未有的重大改革。两年里,我们对学本课堂的认知一步一步加深。下面我总结自己的经验,谈谈对学本课堂的浅显认识。

学本课堂,强调以学习者为根本。在学本课堂中,最为突出的变化是形成小组团队合作学习机制。在此机制中,班级将划分成数个小组,这有利于对班级的分层管理,同时也促进了同学们之间进行团队合作。在小组内部,每位同学都能充分发挥自己的优势,他们将分别担任不同科目的学科长,利用自己的长处帮助组员们学习,一起构建学习共同体。

在学本课堂教学模式中,师生关系也发生了变化,教师变成了大同学,与同学们一同学习,共同围绕课本、工具单开展自主性学习。学本课堂为我们营造了更加开放,活跃的学习氛围,每位同学都能够轻松学习,学会学习。另外,学本课堂的展讲模式也给我们带来了莫大的帮助,展讲过程不仅能够检验同学们对知识点的掌握程度,同时也锻炼了同学们的语言组织能力和表达能力。还有工具单的使用,工具单让同学们初步了解知识的整体结构,逐步学习,层层递进。如此一来,学生的学习效率就得到了提高,各个层次的学生都能掌握不同程度的知识,有效避免了基础差就越学越差的这种恶性循环。

另外,学本课堂中学生自主学习的重要步骤——结构化预习,即查,画,写,记,练,思。其目的在于培养学生的自主学习能力。在之前的教学模式中,大部分同学只会跟随老师的脚步学习,不会主动学习探究,最终导致出现知识掌握情况不好,遇到难题则不会的情况。而学本课堂强调学生独立学习,自主学习,学生可以利用工具书,与同学探讨,以发散思维。

总而言之，相较于以前的教学模式，全新的学本课堂推动了学生的全面发展，提高了同学们学习的主动性、积极性，营造了更好的学习氛围，锻炼了我们多方面的能力。

两年的学本课堂教学让我们变得更好，在以后的时间里，我将继续按照学本课堂模式学习，改进现有的不足，努力做到更好，争取达到学校和老师的期望。

养自学之习惯,培临危不乱之气度
——浅谈对学本课堂的认识

2019级22班　熊桔

　　细细回想,自入学至今,已有近两载。犹记初入学时,我对高中学习生活充满期待。这短短两载间,抱怨有之,欢乐亦有之。眨眼间我即将成为高三学生。掰着手指细数往日风月,虽深感时光如白马,倒也收获颇丰,不过最大的收获,是来自当初让我抱有怀疑态度的"学本课堂"。

　　高一刚刚开始实施学本课堂时,我与一众同学可谓被折磨得苦不堪言。我们头昏脑涨地被灌输了一大堆的流程,连记都还记不全,便要开始操练。自那时起,每天最害怕的便是上课,害怕开口与同学讨论,更害怕上台展讲,连短短几句破冰语,我都说得磕磕绊绊。

　　然而到如今,我却渐渐将一整套的流程烂熟于心。

　　课前结构化预习,培养我们的自学能力。学本课堂必不可少的一项环节便是结构化预习,经过该环节,我将课本内容烂熟于心,知识点也熟练掌握。高考的考点来源于课本,却又不仅仅限于课本,知识点的系统构建也依托于课本,脱离了课本,所谓的考点便也不复存在,因此,课本是首先要吃透的。课本读六遍,初读会使我们对课本的知识框架有一个大概的把握,再读使我们从更深层次理解课本知识,而不仅仅是浮于表面。如此周而复始,我们便渐渐习惯了自学。

　　学本课堂上的讨论,开阔了我们的思维。课上的激烈讨论,是思维的碰撞。一道数学题、物理题,不同的人会有不同的思维,当彼此讨论时,便会引发思维的碰撞。经年累月,我们便具备了多向思维的能力。

　　学本课堂培养了我们临危不惧的能力。学本课堂的流程比传统课堂多了许多。老师在课堂上被称为"大同学",职能也在逐渐弱化,学术助理与众多的小同学,反而成为课堂的中心,学术助理成为保证课堂流畅进行的关键。作为语文学术助理,刚刚开始主持课堂时,我也曾不知所措,一个完整的课堂流程都需要老师写下来一点一点地指导。到如今,我也可以淡定地站在讲台旁,把控着时间推进课堂,即使中途说错了话,也可以面不改色地改正错误,甚至其他人都不曾察觉。从前的我,同旁人说句话都要害羞,如今却也颇有些"泰山崩于前而色不变"的气度。这样的气定神闲,从当前来看,有利于我们面对高考时保持平稳的心态。从长远来看,有利于我们在求职面试时保持淡定从容。从更长远来说,对我们今后的发展大有裨益。

所谓"一室之不治,何以家国天下为",我们每一代人都心怀大志,深信自己将来必有作为,然而我们受尽苦楚才学会成长。与其让挫折来教会我们,不如我们一开始便做好充足准备,从细微之处一点一滴培养能力。而学本课堂,恰恰给了我们一个绝佳的跳板。

走进学本课堂

2020级13班　张凤瑞

近年来,我校打破了传统的教学模式,大胆地实施学本课堂,研制了一套具有麒高特色的教学制度。本着有序、高效的原则,学本课堂旨在激发学生的学习兴趣和老师的教学兴趣,打破了传统的师生关系。在学本课堂上,我们称老师为"大同学",我们与老师紧密合作,形成了一种师生共备、师生共学、师生共拓的模式。

随着学本课堂的逐步推进,我们在学习和生活上取得了很大进步。

其一,是小组讨论。实施学本课堂,采取面对面的小组形式,对一部分题,我们会先进行小组讨论、展讲、补充,然后老师再做进一步讲解。在整个讨论的过程中,我们融入了集体,积极表达自己的观点。在展讲的过程中,我们把自己的观点正确地表达了出来,同时听取别人的想法。在补充的过程中,我们知道自己在哪个方面有所欠缺,从而完善我们的答案。完成了以上几个步骤,老师再做进一步讲解,我们就能查缺补漏,进一步完善自我。

小组讨论展讲环节,由学术助理带领我们讨论,教师补充。这样的模式给了我们一个展示自我的舞台,培养了我们的自信心,同时也给了我们更多的与同学交流的机会。

其二,是学科团队。在每周的教学中,我们都会通过学科团队表和行政表来反映本周问题,各学科长把本学科存在的问题以便签的形式交到学术助理处,学术助理再把问题汇总给老师。各组小组长把组内问题交到班长处,班长再汇总给班主任。这样老师可以及时了解我们的情况,更好地开展教学工作,同时在这个过程中,我们可以正确认识到自身问题并及时改正,优化小组、优化自我。

学本课堂的实施,让我们更好地融入集体,与他人友好相处。

在学本课堂中成长

2020级14班　庹梦丹

教本课堂的模式，是教师教授学生大量知识，但在教的同时很少会去注意学生有没有真正的理解和领会，导致部分同学跟不上学习进度，学习愈发吃力。

学本课堂与教本课堂大大不同，好处也比教本课堂多很多。

学本课堂，各个环节环环相扣：

第一步是"创设情境，呈现目标"。这个环节主要是教师阐述本节课的学习目标，为之后的课堂进程做好铺垫，引领全课，推动课堂进度。学生围绕着目标对本节课的内容进行反复理解、训练和记忆。时间1-3分钟。

第二步是"预习评价，生成问题"。这个环节主要围绕结构化预习之后的预习评价部分进行。同学分成小组讨论预习评价部分的内容，对预习评价中有疑问的地方各抒己见。各小组学科长及其成员相互配合，积极参与，学科长分配问题，成员依次组内展讲，展讲可以通过对答案或者背诵的形式进行。讨论的时间大概3-4分钟。

第三步是"合作探究，展示交流"。本环节中，各位同学对"教师预设问题"和预习评价中产生的问题进行讨论，讨论完成后，分到有展讲任务的小组进行专论，并同时进行展写和展讲。展讲采用"六字诀"策略，按照规范进行展示。

第四步是"问题训练，组间展评"。本环节中，教师或学术助理组织同学对"问题训练评价单"进行课堂检测训练，测试本节课同学学懂了哪些知识，提升了哪些做题能力。之后，同学可自己找一些具有挑战性的题目进行自我强化，以评估自己的当堂学习状态。

最后一步是"归纳概括，提升意义"。该环节主要是让同学们自己描述本节课的收获，让大家各抒己见，形成头脑风暴，共同进步。

五个环节不仅仅提高了同学们的解题、讲题能力，而且将课堂氛围带动起来，使每位同学都参与课堂，不断提升自己。

　　当然，在学本课堂的推进中，各位老师的努力也功不可没，他们课前关注学生结构化预习，课堂上时时关心着学本课堂的推进情况、工具单使用情况、小组团队合作学习情况等。老师在规范指导的过程中，尽心尽力突出重点，让同学们更加容易听懂，获得更多的学习策略和方法，让同学们在乐中学，学中乐，让部分进度慢的同学努力跟上大部队的进度，提升自己的学习成绩。

　　学本课堂中的"学本"二字，在我看来是坚持学习本心的意思，坚持"学本"，不偏不倚，向自己的目标努力奋斗。

　　在学本课堂上，复杂的问题通过团队合作变得简单化。从个人到小组，从小组到整个班集体，层层递进，紧密联结，同学们逐渐找到胜利的曙光，班集体发展得更好，更强。

　　教本课堂与学本课堂有些许相似之处，但学本课堂的教学方式更加符合大多数同学的情况，同学们一起为了梦想努力拼搏，永往直前。

　　我相信在未来的日子里，学本课堂会获得更广泛的运用！

学本课堂心得体会

2020级14班　赵梓然

学本课堂，是指以学习者学习为本的课堂。学本课堂不同于传统的课堂，它是将学生作为学习的直接参与者，老师则辅助学生学习。如此一来不仅提高了学生学习的兴趣，也让课堂不那么枯燥。课堂效率和教学质量有所提高。

学本课堂首先营造了公平、学生参与度高的课堂氛围。课堂倡导的自主学习、合作学习、探究性学习，都是以学生的积极参与为前提，没有学生的积极参与，就不可能有自主、探究、合作学习。实践证明，学生参与课堂教学的积极性，参与的深度与广度，直接影响着课堂教学的效果。没有学生的主动参与，就没有成功的课堂教学。在学本课堂中，教师成为学生学习的伙伴，组建起"学习共同体"，与学生平等地交流和探讨，允许学生提出自己独特的见解、奇特的想法，激励善待学生，创设一种"心理自由和安全"的课堂教学环境，让学生的心智和心灵能自由自在地放飞。在尊重教材的基础上，教师能超越教材，积极地审视、科学地处理加工教材，在调动学生"思维的参与度"上，教师善于开发、引用情景和案例，巧妙地设置问题，引发学生积极思考，激发学生的学习兴趣和探究欲望。

学本课堂尊重学生个体差异。每个学生都有自己的优势领域，教师要用"放大镜"去捕捉每个学生身上的闪光点，让每个学生在教师的激励中不断超越自我，不断获得身心教育发展的增值。

学本课堂体现了"以学定教"的教学理念。教师的教与学生的学产生关联；教师由教的"控制者"变为学生学习的"共同体"，课堂充满生机与活力；教师也不再拘泥于预设的教案。课堂把思考的权利、时间和空间还给学生，让学生有充分表达自己思想和展示思维过程的舞台，学生在质疑问难和讨论交流中获取知识，提升能力，感受成功的愉悦。

学本课堂建立了评价机制。建立评价机制后,明确了小组成员的学习责任、角色与职责,形成了以学习共同体为主的小组合作学习。学生学习更加积极,养成了良好的自主学习习惯。这提高了学生的学习效率和学习成绩。

　　希望学校能继续开展学本课堂,使课堂成为学生的课堂,成为学生发展的舞台!

学本课堂，让我成为学习的主人

2020级19班　杨丹娜　王雨珊

在近一年的学习中，我对学本课堂有了一个初步的认识，我觉得它主要是指教学过程的优化，教育效果的最大化。我理解的学本课堂是在课堂教学中，通过学生积极主动的自主学习和配合老师的点拨指导，在一定时间内高效率、高质量地完成学习任务的课堂。学本课堂更好地提高了学生的思维、语言表达，以及分析问题与解决问题的能力。通过学本课堂学习，我有了以下几方面的体会：

一、教师精心组织教学设计，使学生主动参与，营造了鲜活的课堂氛围

学本课堂高效倡导的自主学习、合作学习、探究性学习，都是以学生的积极参与为前提，没有学生的积极参与，就不可能有自主探究、合作学习。实践证明，学生参与课堂教学的积极性，参与的深度与广度，直接影响着课堂教学的效果。教师通过巧妙地提出问题，引发学生的学习兴趣。

二、学本课堂，是指以学习者学习为本的课堂

这里的学习者不是单纯地指学生，而是指教师、学生。也就是说，在学本课堂中，没有纯粹的教师，教师身份将发生本质性变化，教师是大同学。具体而言，学本课堂就是教师和学生协同合作，共同围绕着核心问题开展自主性的探究学习，在单位时间内解决问题，实现学习目标，促进教师和学生共同成长的课堂。在师生关系方面，学本课堂有别于传统课堂，师生关系不是上对下的

授受关系，而是真正意义上的民主、平等、人文和谐的发展关系。师生为了共同的目标而相互合作，相互帮助，追求的是一种真学习。在教学关系方面，师生之间不是那种传授和告知关系，而是合作学习、共同建构知识发展能力的关系。师生共同创建小组合作团队学习机制，创建人文、自由、开放、多元、灿烂的学习氛围，让学生实现真实自主的学习。通过学本课堂学习，我认识到教学最终目的是让每位学习者生命得到精彩绽放。

三、教学不是主要依靠教师的教，而是依靠学生的学

教师对学生所施加的影响都要通过学生进行自我认知、自我建构、自我发展、自我完善来达到，教育过程的主力和主人是学生而不是教师，教师只不过是学生自主发展的服务者。教师在课堂应放手让学生去讨论，创造机会让学生学会，切实引导学生开阔思维，学会自主学习。

四、学本课堂带来的是教师和学生的共同发展和成长

之前的教本课堂上，学生学习积极性不高，思维不够活跃，如今的学本课堂，为教师和学生带来了一种新的学习方式，让教师和学生改变了"教师厌教，学生厌学"的观念。

学本课堂真正地把学习的自主权留给学生，鼓励学生共同去探索，去发现，在反复验证的过程中学习知识，快乐成长。学生真正成为学习的主人。

学本课堂的魅力

2020级20班　汤金礼

　　学本课堂是一种新型教学模式,使用了学本课堂后,我深切地感受到了学本课堂与传统课堂有着许多不同点。相比之下,学本课堂散发出了独特的魅力。

　　首先,我们提前对课本知识点进行初步了解与掌握,待老师进一步讲解后,我们可以对知识点进行充分理解。通过这种方法,我们在地理知识学习过程中更容易更轻松。另外,通过这种学习模式,我们探索知识的兴趣更大了。

　　其次,学本课堂所采用的小组学习评价法更突显了它的优势。在地理学习课堂上,对于预习过的问题或一些同学解决不了的问题,我们会进行小组讨论。各小组成员充分发挥自身优点积极思考。在小组展示环节中,同学们的语言交际能力得到提高,得以进一步巩固知识点。

　　最后,我认为学本课堂的结构化复习对同学们的学习也有巨大的帮助。在地理课的知识整合复习课上,老师让我们对此单元所学的问题进行自主整合,并画出知识单元体系图,这样我们能较为迅速地回想起自己所学的内容,提高学习效率。

　　学本课堂的魅力远不止这些,通过学本课堂,我们与老师的交流更加频繁,老师高水平的授课也给学本课堂增添了一抹独特的亮色。学本课堂对我的学习产生了十分积极的推动作用,同学们对学本课堂的反响也十分热烈。相信学本课堂一定会发展得越来越好!我们,有信心!

走好学本之路,通向人生幸福

2020级22班　孟思颖

雅思贝尔斯说过:"教育的本质是一棵树摇动另一棵树,一朵云推动另一朵云,一个灵魂唤醒另一个灵魂。"而学本课堂,是以学生为本,让学生带动学生,这与雅思贝尔斯的观点高度契合。

我从来没有想过有这样一种上课方式:所有同学都管老师叫"大同学";一节课基本上是由学生主导;老师从主讲者变为倾听者,成为指导伙伴;学生变单打独斗为团结协作。

初中时,我很头疼自己的数学,但是来到麒麟高中,接触了学本课堂后,我慢慢找到了学习数学的"正确打开方式"。

一、"师傅领进门,学艺在自身":结构化预习

我认为结构化预习是学习过程中最重要的一个环节,通过"查、画、写、记、练、思"六个环节,我们能掌握课本上的知识。

自从学会了结构化预习,我发现了自主学习的重要性,明白了很多东西其实都要靠自己领会,这样才能记忆深刻。

此外,在上课前预习一遍相关知识,就像自己学了两遍。曾经我上课会出现打盹的现象,但是通过结构化预习,我对上课充满了兴趣,迫切地想解开结构化预习时生成的问题,数学学习似乎变得有趣了起来。

二、"会做你就多讲点,不会做你就更要多讲点":展讲

展讲对于我来说是一个巨大的挑战,怕举手、怕出错、怕讲错、怕尴尬,这

简直是我们学生的一大"噩梦"。

然而展讲环节,我们得到了锻炼。我们在对话中学习,形成了"错不可怕,怕才尴尬"的思想观念。

当我们展讲时,讲过的内容历历在目,同学们开心地学起了广告台词——妈妈再也不用担心我考试忘记知识点!

当聆听其他同学展讲时,我们学会了多角度考虑问题,开阔了眼界。

三、"技能在一次又一次归纳总结中提升":归纳提升

每一次归纳提升环节,我都觉得自己像个"武林高手"——我们从"武林秘籍"中提取最核心的招式,升华得出其中精华,我们触类旁通,以不变应万变。

结构化预习教会我自主学习、终身学习;展讲教会我迎难而上、学会表达;归纳提升让我学会归纳问题,听取意见。学本课堂一点点地纠正我的错误习惯,一步又一步引导我走向幸福人生。

学习学本课堂，全面提升能力

2020级01班　丁月

经过一年的学本课堂，我从中受益颇深。学本课堂不同于传统课堂，是一种新的课堂模式。传统课堂是以老师讲学生听为主的课堂，而学本课堂则是以学生自主学习为主的课堂。教学不再主要依靠教师的教，而是依靠学生的学。在这样的学习模式中，我们受益匪浅。对于不同难度的问题，我们可以进行组间讨论，相互交流分享；对问题发表不同的看法和见解，最后由其他同学和大同学进行判别。这不仅锻炼了我们独立思考的能力，更挖掘了我们的思维。

传统教学中老师带领我们学习，我们处于被动地位，而如今，我们在课堂中居于主导地位。在学本课堂进行前，所有同学要对课本上的新内容进行六遍的结构化预习，也就是六字诀"查、画、写、记、练、思"。在准备的过程中，我们就提高了学习的能力和思考的能力。

除此之外，在课堂中由学术助理主持展讲课堂，主要是以小同学的讨论、展讲、补充以及大同学的补充与展评为主。在展讲的过程中同学们得到了锻炼。在以往的学习中，我们上台的机会少，表达能力不强，真正需要向众人表达时，会出现表达不清楚、怯场的现象，而在如今的学本课堂上，每个同学都有上台的机会，我们在无形中得到了锻炼，能够清晰流利地向他人表达自己的观点，做到了大方不怯场。这对我们今后走上更高的平台带来了极大的好处，我们得到了比其他学校的学生更多的锻炼机会。一年的时间内，我身边那些曾经放不开的同学，如今却变得大方自信。学本课堂让我对学习的兴趣更加浓厚，对学习有了新的认识。在一次次自我探索的过程中，我发现知识有无穷无尽的魅力等待我们去发现。我有更多的时间进行自我探索，我对学习的兴趣加深了。经过这一年的学本课堂,我受益匪浅。我的学习能力在不断地提高,表达能力也不断地增强,在一次次自我探索的过程中,我的成绩也提高了。

总体来说,学本课堂就是教师与学生协同合作,共同围绕着核心问题开展自主性的探究学习,在单位时间内解决问题,实现了学习目标,促进教师和学生共同成长的课堂。在师生关系面前,学本课堂不同于传统课堂,师生关系不是上对下的授受关系,而是真正意义上的平等人文和谐的发展关系。师生为了共同的目标而相互合作,相互帮助,追求的是一种真学习。在教学关系方面,师生不是传授和告知关系,而是合作学习、共同探究知识发展能力的关系。师生共同创建小组合作团队机制,创建人文、自由、开放的学习氛围。学生能够实现自主学习。

学本课堂推动我们的自主学习,教师主要扮演引领和补充解答的角色。在教学中教师应该把课本知识和学生的生活结合,让学生自己去做、去发现、去研究、去感悟。教育应该在此基础上进行,充分尊重和遵循生命的本质,教育才可能是"人的教育"。

经过一年的学本课堂改革,我们学会了"六字诀"结构化预习,养成了独立思考的能力,建立了我们勇于上台的自信,同时也改变了我的人生观和价值观。我对世界有了新的看法,对未来也有了新的想法。

以教导学　还教于学　共同成长

2020级01班　胡磊

现今我们学校大力开展并实施学本课堂。学本课堂实施有一年了,我对这种新颖的学习模式有了自己的认识。学本课堂教学中以学生作为学习的主体,让学生发挥自己的个性,鼓励学生自主学习。

学本课堂的主体是学生,核心是学习,标准是会学,放手让学生自主探索,培养学生的求真精神。学本课堂为学生的英语学习提供了一个合作探究的良好环境,让学习不再呆板,让英语学科变得有趣。

课堂展示交流环节是同学们展示自己的机会,同学们可以自主设计交流格式,在他人原有答案的基础上修改、完善,使得这一环节成为亮点。

学本课堂的目的,真正努力实现以学为本,以学定教,以教导学,以学促学;还教于学,共同成长。这完全体现出当今课堂改革的使命与任务。

走进学本课堂

2020级01班　解宗霖

自从麒麟高中推行学本课堂以来,我的学习能力不断加强,学起来也越来越得心应手。

随着学本课堂在生物这门学科上的推行,我感觉学起生物学科来轻松了不少。我感觉学起生物来不再像以前那样费劲了,学习轻松了许多,学习效率也比以前提高了。学本课堂正在一点点地改变着我,我也在一点点地不断进步!

要说对生物学本课堂的感受,我就不得不说一下它的操作流程了:首先,进行结构化预习,这也是"学本课堂"中最重要的一个环节。它分课前预习、旬期预习和□□□□□,核心的意义在于学会结构化阅读课本,掌握学习方法,具备终□□□□□,然后是自主学习,在自主学习的过程中要有计划、有目标地自□□□□□,独立学习能力。在自习课的自主学习中,要求做到"三零一高"□□□□话、零动作、高投入)。之后是小组讨论学习环节,讨论有多种□□□□讨论、评价型讨论、分享型讨论、实验型讨论、生成型讨论、辩论型□□□□生成问题,将问题交给大同学,由大同学在课中进行展讲。在讨论过后要进行展讲对话,对小组内生成的问题,由同学进行展讲。大同学则在小同学的展讲中,指出不足,进行补充;最后,是课后回归拓展环节,同学需要加强对所学知识点的巩固和记忆。

"学本课堂"的推行,让本是枯燥乏味的生物课变得不再单调,以前死气沉沉的课堂环境也随之改变了不少,课堂变得更加的开放,同学们的学习热情高涨。

学本课堂重在培养学生的学习能力以及思维方式,让学生在今后的学习道路上更加平顺!

浅谈对学本课堂的感受

2020级04班　段馨月

古人云:"学而不思则罔,思而不学则殆。"学与思是结合于一体的。学习需要自主思考,学习的过程,便是思考的过程,并非左耳进,右耳出,学完也忘完了。有思考固然是好的,但若不与实际相结合,那也只是空想。因此,只有学习与思考有机结合,才能使学习发挥最大的作用。学本课堂就是一种集学与思于一体的高效课堂。它不仅有利于学生自主交流学习,还能提高学生的综合学习素质。

总体上学本课堂一共分为课前、课中、课后三部分。课前的结构化预习是最为重要的一部分,它将课前预习放在核心位置。学生按照阅读六字诀(查、画、写、记、练、思)和QA学习法认真学习课本内容。这大大提高了课堂效率,使学生快速跟上老师的思维,不再"云里雾里,一头雾水"。

课中的问题解决更是不同于传统的教学课堂,学生成为课堂的主角。老师则是在一旁观看,只在关键处提出要点。学生在讨论和展讲的过程中也能学习其他同学的做题方法和技巧,丰富和拓展自己的学习方法。老师也在这一过程中更加了解学生的想法,针对学生的问题制定教学方案。

我们对于学本课堂还在不断探索学习中,虽然我们面临着挑战,但我们对未来充满了期待。

学本课堂让主动学习成为常态

2020级05班　陈奕帆

学本课堂,是指以学习者学习为本的课堂。这里的学习者不是单纯地指学生,而是指教师、学生和直接参与者。也就是说,在学本课堂中,没有纯粹的教师,教师身份将发生本质性变化,教师是大同学。具体而言,学本课堂就是教师和学生协同合作,共同围绕着核心问题开展自主性的探究学习,在单位时间内解决问题,实现学习目标,促进教师和学生共同成长的学习活动的课堂。在师生关系方面,学本课堂有别于教本课堂,师生关系不是上对下的长幼关系、授受关系,而是真正意义上的民主、平等、人文和谐的发展关系。师生为了共同的目标而相互合作,相互帮助,追求的是一种真学习。在教学关系方面,师生之间不是那种传授和告知关系,而是合作学习、共同建构知识发展能力的关系。

创建人文、自由、开放、多元、灿烂的学习氛围,让学生实现真实、自由、自主的阳光学习。通过学本课堂学习,我认识到教学的最终目的是让每位学习者的生命得到精彩绽放。教学不是主要依靠教师的教,而是依靠学生的学。学习是生命成长的过程,它是人自身的一种需要,而不是外在压力的结果。教育的一切行为都应该是为了满足学生的这种需要,从而使他们内在的生命力,使他们的潜能得到充分的发挥。

学生是天生的学习者,一方面,学生对学习充满了好奇欲望和创造欲,另一方面,学生逐步积累了学习的资源和学习的能力,而不是一张白纸。在教学中教师应该充分把知识传授和学生的生活相结合,让学生自己去做、去发现、去研究、去感悟。教育应该在此基础上进行,充分尊重和依循生命的本质,教育才可能是"人的教育"。如此一来人的生命潜能才能得到充分的发挥,人的天性才能得到自由的发展。

在今后的学习中，我要继续坚持学本课堂，真正把学习的自主权掌握在自己手中，引导自己去探索，去发现，在反复验证的过程中学习知识，快乐成长，使自己真正地成为学习的主人，也让自己在课堂上更加有魅力。

学本课堂　放飞梦想

2020级06班　吕伊娴

春去秋来，不知不觉我们已经在麒麟高中度过了一年的学习时光，这同样也意味着"学本课堂"陪伴我们将近一年。一年前，当我们首次听到"学本课堂"这四个字时，大多数同学面面相觑，对于"学本课堂"闻所未闻，更别提熟练运用了。经过了一年的学习，大家不仅结识了"学本课堂"这个好帮手，还把它掌握得炉火纯青，也通过"学本课堂"，让自己在麒麟高中这一年的学习生活中收获颇丰。

"学本课堂"，顾名思义，就是以学习者为本的课堂。在"学本课堂"中，没有传统意义上的师生关系，所有人都是学习者，"老师"在"学本课堂"中被称为"大同学"。"大同学"和小同学协同合作，共同围绕核心问题自主探究，学习新知识。"学本课堂"，带给我们一种全新的师生关系——老师和学生不应当是上对下的长幼关系、授受关系，而是真正意义上的和谐、民主、平等的发展关系。师生为了共同目标而通力合作，追求的是一种真学习。这无疑大大提高了学生的自主探究能力和创新能力。

"学本课堂"分为课前预习和课上共同学习两个环节。课前预习是"学本课堂"的核心，学生先通过"查、画、写、记、练、思"六个步骤，对课文文本进行自主预习，并完成由备课组老师开发的工具单。接下来就到了课上共同学习环节，"学本课堂"一改以往的课堂模式，让学生主导课堂。在学术助理的主持下，同学们围绕工具单上的问题进行小组讨论、合作探究、展示交流。每个人都参与课堂当中，大家一起学习，互助共赢。

在接触"学本课堂"以前，我总是把学习当作老师和父母的事情，对于学习态度倦怠，对于老师从上课铃响就开始滔滔不绝地讲到下课铃响更是烦不胜烦。后来我接触了"学本课堂"，这才发现学习是我们学生自己的事情，要想取得好成绩,必须积极参与学习生活中,必须具有一定的自学能力。"学本课堂"恰恰给我们创造了这样的机会,把学习的主动权还给学生,把培养学生自主学习的能力和开发学生的潜力作为核心目标,老师也成为学习者的一员。学生在这样的学习氛围当中,积极思考,畅所欲言,学习能力也得到了极大的提升。

学本课堂带来的是师生共同的成长。按照传统的老套的学习方式,学生就是一台台没有感情的学习机器,重复着老师讲过的话,面无表情地记着一黑板的密密麻麻的板书,所收获的知识也很少。通俗地来讲,传统的教学方式就像是老师把自己嚼过的饭喂给学生,学生连米饭是什么味道都不清楚,更不必说能够汲取米饭中的营养物质了。老师每天努力备课,尽心尽力地教学,在学生身上付出了很多,而学生的收获却与老师的付出成反比,最后的成绩却还是不尽如人意。而"学本课堂"让学生爱上学习,真正成为学习的主人!

"学本课堂"给我们搭建了自主学习的平台,在今后的学习生活当中,我们应当更加认真地贯彻落实"学本课堂",让"学本课堂"成为我们学习的好帮手,助力我们在2023年的高考中取得优异的成绩。

学本课堂使学生成为课堂的主人

2020级06班　范晶鑫

　　学本课堂是一种新式的学习模式，学生成为课堂的主人，更加积极主动地去思考问题。这样的学习方式也使课堂变得更富有生气。

　　刚上高中，才接触学本课堂的我们真的十分不适应，我们许多人甚至都不知道到底该怎么做。我们突然陷入了迷茫。我们没有试过自己去解决一个问题或是和同学们齐心协力地解决一个题，我们一直都是等，等老师的标准答案，等老师来解决这个难题，等老师……这让我们觉得，老师就应该独自完成一整节课，讲课是老师的事。我们的认知没有转变。

　　刚开始的我们并不适应这样的学习模式，甚至认为这种方式完全没有意义。我们有些自暴自弃，而且对于展讲这件事，绝大多数人都并不积极。并且在最初，小组内也总会存在各种各样的矛盾，有时讨论着讨论着，大家还会吵起来，而且有些人也不听别人的讲解，不尊重别人。

　　但在老师们耐心的指导下，我们渐渐学会了结构化预习，学会了小组合作交流，学会了倾听他人的解题思路，也开始勇于发表自己的见解。这样从单打独斗到团队合作的学习方式，也让我感受到了同学间那种惺惺相惜、一起努力的感情。初次展讲的我们都十分青涩，甚至有些语无伦次，但现在讲多了，我们也轻车熟路了。每个上台展讲的同学解题思路清晰，自信大方，我们变得自信了。

　　我已经逐渐地适应了这样的学习方式，我会更加自信大方，圆满完成高中学业！

学本课堂：教育新星

2020级08班　姜颖怡

你是否想过上课时几个同学围在一起坐？你是否想过课堂的主角是同学，是你自己？你是否想过，上课时可以有一半的时间是同学之间的讨论，同学之间的展讲？

是的，在麒高，我们所采用的学本课堂，正引领着一种新的教学理念，教学潮流。我们仿佛正在探索一个新的大陆——如何让学生从被动学习转化为主动学习。

来到麒麟高中，我们宛如新生儿般对未知充满着好奇。高中的第一节课，老师就向我们介绍了本校的学本课堂、QA学习法、小组围绕式的座位、同学展讲、同学补充、同学讨论、同学生成问题、"查、画、写、记、练、思"六字诀等各种我以前从未听过的新事物，我们一下子对学习产生了兴趣。

上高中一年以来，我们都已熟知学本课堂的流程。首先，由老师呈现学习目标，其次，由我们完成老师预设的问题。接下来的课堂就完全交给学生了。小组讨论、生成问题、同学展讲。这一步，不仅让我们学习到了知识，更多的是让同学之间的距离拉近了，让每个人都变得更加自信，学习也比以前积极了。

学本课堂让我敢于展现自己，变得更加自信，更加开朗。在文科班，小组讨论，分享解题方法，我们的思维得到开发；在理科班，多种解题方法不仅能锻炼我们的思维，还能提升我们做题。

最后，由老师来进行点评，是否有进步，还有哪些不足……我们变成了课堂的主人，学习积极性大大提高。

学本课堂还有很多有趣的流程，我们从中获益颇多。

学本课堂，一颗教育界的新星正在冉冉升起。

学本课堂
——让学生成为课堂的主角

2020级10班　胡梦晶

现在我们的教学倡导"学本课堂",即在课堂教学中以学生作为学习的主体,高度关注学生的学习状态,着重培养学生的学习品质,着力指导学生自主学习,并以此为根本展开教学活动。学本课堂的主体是学生,核心是学习,标准是会学,放手让学生自主探究,同时更要通过实验培养学生的"求真"精神。

以学生学习为本的学本课堂无疑是同学们喜欢的,面对所学的知识,面对小组合作学习,同学们纷纷表示出"我喜欢"。老师角色发生变化,让老师从主讲身份转变为倾听者,变为学生小组学习的合作指导伙伴。老师真正走下讲台,来到学生中间,课堂学习气氛轻松自在。

学本课堂是指以学习者学习为本的课堂,在学本课堂中没有纯粹的教师,教师身份将发生本质性变化。教师是大同学,教师和学生协同合作,共同围绕核心问题开展自主性的探究学习,在单位时间内解决问题,实现学习目标,促进教师和学生共同成长。教师引导学生讨论,学生在讨论交流中积极主动地参与,发挥创造性。教师在课堂中给学生创设机会,让大家自主设计、表达、修改、完善,充分发挥了学生的创造性和想象力。真正地努力实现"以学为本,以学定教,以教导学,以学促学,还教于学、共同成长"的课堂变革目标。

学本课堂把学习的主动权还给学生,让学生成为课堂的主角,在每一节课中,学生才是占主体地位的。学本课堂倡导把学习主动权交给学生,教师要营造一个轻松、和谐、民主、平等的课堂氛围。只有这样,学生才敢想敢讲也能讲,在这种氛围里,学生的水平才能提升。

在师生关系方面,学本课堂也有别于教本课堂,师生关系不是上对下的长幼关系、授受关系,而是真正意义上的民主平等、人文和谐的发展关系。师生为了共同的目标而相互合作、相互帮助,追求一种真学习,师生共同创建小组团队学习机制,创建人文自由、开放、灿烂的学习氛围,让学生实现真实、自由、自主的阳光学习。

总之,与以往的课堂相比,学本课堂强化学生的质疑意识,加强对学生学习方法的指导,及时给予评价,对学生的疑问进行解答。学本课堂上,老师适时给予学生鼓励,让学生勇于提出问题,让课堂真正属于学生。

学本课堂，打开思维新窗口

2020级11班　顾敏君

进入高中后我们体验到了另外一种全新的教学方式——学本课堂，这种教学模式和我们小学、初中的教学方式不一样。在学本课堂的教育模式下我们开始了讨论式学习，自己从原来的被动学习转变为主动学习。我找到了学习的动力。

现在我们的学校倡导"学本课堂"，即在课堂教学中以学生作为学习的主体，高度关注学生的学习状态，着重培养学生的学习品质，着力指导学生进行自主学习，并以此为根本展开教学活动。学本课堂放手让我们自主探究，并通过实验培养我们的"求真"精神。在"DNA的结构"这节课中大家依照学本课堂流程，组内对"预习评价"部分进行展讲讨论，讨论完后各组派代表展讲，之后"合作探究"部分，同学们围绕教师预设问题进行讨论和展讲，若有不会的题则由大同学为同学们展讲。同学们从听懂到理解到巩固，最后到掌握，通过几个简短的过程不断加强对知识的掌握，同学们也在学本课堂中做了自己的老师。

学本课堂的实行，可以让学生打开思维，从单纯地一个人讲多人听变成多人讲多人听的学习模式，以小组学习的方法，以预习六字诀（查、画、写、记、练、思），以3+2的学习模式打开学生的思维，这样更好地提高了课堂效率，推动了学生进步。学本课堂的开展，使课堂变得不再枯燥，课堂氛围更加活跃。

以学生学习为本的学本课堂，无疑是我们喜欢的，面对所学的知识，面对小组合作学习，大家纷纷表示出"我喜欢"。老师角色的转变，让老师从主讲身份，转变为倾听者，真正走下了讲台，来到了小组中间，课堂学习气氛轻松自在。在学本课堂中，学生应锻炼思考能力，想办法提高成绩。

总之，与以往的课堂相比，学本课堂给我们带来了很多的好处，我们要充分利用它的优势提升自己，提高成绩。

"学本课堂"对学生的意义和价值

2020级11班　赵成云

目前,麒麟高中的学本课堂教学,已全面推进"学本课堂"的实践,以学生为本的"学本课堂",成为教学全新的切入点。

学本课堂营造人人愿学习、人人都学习、人人自主学习的环境,体现出主动学习、积极学习、合作学习、团队学习。学生在课堂交往交流中体验到快乐,品味到成功愉悦。课堂上充盈着同学们因学会自主、合作、探究学习而产生的自信和快乐学习的氛围。

展示过程也是学习过程,这不但有助于学生之间的交流、分享,也展现了学生的思维方式,这是一个开放的过程,也是接纳与批评的过程。展示既是对自主学习效果的展示,也是对整理知识、分析问题的展示,这是完成学习任务的重要环节。展示还能激发学生的学习热情,活跃学生的思维。

学本课堂充分体现了"以学为主",这无疑给沉寂的课堂增添了一些动力和活力。在课堂中,学生有了学习的目标,有了解决问题的愿望,有了超越他人的竞争意识,这对学生的持续学习是很有好处的。在课堂中学生有了具体的目标,才会拥有源源不断的精神动力。

学本课堂提高了学生的学习积极性,同时也培养了学生的自主学习能力,让学生在生活中的交际能力得到了提升,还培养了学生们解决生活中实际问题的能力。

"学本课堂"转变了传统课堂教学中的师生关系,提高了课堂教学质量,实现了师生共同学习、共同发展、共同努力的目标,为我们的终身学习和发展奠定了重要基础。

在我们学习成长的过程中,我们有幸来到麒麟高中,有幸接受学本课堂的教学,感受学本课堂的魅力,这给我们的高中生活增添了无限乐趣。我爱麒麟高中,我爱学本课堂。

浅谈学本课堂

2020级12班　赵梦娜

进入麒麟高级中学,我们接触了一种新的教学课堂——学本课堂。经过一年的学习,我有了一定的体会。

学本课堂让学生成为课堂的主人,老师的身份发生转变,成为"大同学",他们一起与我们探讨知识。在学本课堂上,我们进行结构化预习,在课上进行小组讨论、展讲。学习分为三个部分:课前、课中、课后。

课前的预习是学习中的关键点。学本专家针对课前总结了一套结构化预习的方法。利用"阅读六字诀"的方法,我们初次认识课本,并完成工具单上的预习评价环节的问题。结构化预习帮助我们理解本课知识点,对这些知识在脑海中有一个初步的认识。我们预习时,若有不会的知识就在课本中用特殊记号标明,在上课时重点解决。

学术助理带领我们在课堂上积极展讲互动,让大家充分参与课堂讨论。在小组讨论时,我们可以听到其他同学对问题的看法,了解到他人的思维方式与解题技巧。如果小组成员对本题有疑惑不解的地方,可以去向其他组的小组成员进行询问。同时,我们也可以向大同学请教,采取多种方法解决问题。

到了展讲环节,同学们进行激烈的讨论。同学之间的交流,对所有同学的全面发展有很大帮助。最后,大同学结合同学们讨论和展讲的结果宣布答案。

到了课后复习阶段,我们会对课堂上标注的重点进行快速和高效的复习。

一个学期下来,我们切实掌握了不少知识点。学本课堂的确有利于我们把课本越学越薄,厘清思路。它对我们的学习是有很大的好处的。

我希望在之后的学习中,能在学本课堂模式下全面发展,高考时取得一个令自己、令家人、令学校满意的成绩。

学本课堂助我展翅翱翔

2020级14班　张鸷

　　学本课堂是一种新型的课堂模式。通过小组学习、交流，独立完成课前预习，我们对课本有了一定的熟悉程度，从而在上课时能够把知识点理解得更加透彻。再通过小组合作讨论，学习其他同学的长处，助推自己成长。学本课堂也很适合政治学科。

　　在上新课时，我们通过"阅读六字诀"提前对课本进行预习，这样对课本就有一定的熟悉程度；在小组讨论过程中，既能对问题进行深入探究，又能增进和小组成员的关系，让同学们团结互助。

　　通过学本课堂，我更能在课下主动运用"阅读六字诀"对课本进行提前预习、勾画，进而自主完成工具单上的预习评价环节。在上新课时，针对工具单和课本上的问题，我会去认真聆听和思考同学们的答案，自己的思维能力也有所提升。在展讲环节，我能大胆、自信地去展讲。之后老师会及时补充我们尚有疑问之处。

　　刚开始我对学本课堂不适应也不熟悉，慢慢地，我也能完整地运用学本课堂把政治学科和其他学科学好。学本课堂培养了我的自主学习能力，实践能力，让我慢慢养成一种良好的学习习惯，这也是学本课堂带给我最大的实惠，我明白了学生自主学习能力和实践能力的重要性。

　　对于政治学科而言，只要我们认真根据学本课堂的步骤一步一步、稳扎稳打地来打牢各学科的基础知识，我们就能建构起属于我们自己的知识体系，我们将不断筑牢筑实属于我们自己的知识框架，最终实现我们心中的梦想。

"学本课堂"学习有感

2020级17班　魏雨杰

学本课堂,是指以学习者学习为本的课堂。这里的学习者不是单纯地指学生,而是指教师、学生和直接参与者。也就是说,在学本课堂中,没有纯粹的教师,教师身份将发生本质性变化,教师是大同学。具体而言,学本课堂就是教师和学生协同合作,共同围绕着核心问题开展自主性的探究学习,在单位时间内解决问题,实现学习目标,促进教师和学生共同成长的课堂。

在师生关系方面,学本课堂有别于教本课堂,师生关系不是上对下的长幼关系、授受关系,而是真正意义上的民主、平等、人文和谐的发展关系。师生为了共同的目标而相互合作,相互帮助,追求的是一种真学习;在教学关系方面,师生之间不是那种传授和告知关系,而是合作学习、共同建构知识发展能力的关系。师生共同创建小组合作团队学习机制,创建人文、自由、开放、多元、灿烂的学习氛围,让学生实现真实、自由、自主的阳光学习。学本课堂学习的最终目的是让每位学习者生命得到精彩绽放。

学生是天生的学习者,一方面学生对学习充满了好奇欲望和创造欲,另一方面在他们生活的经历中也积累了学习的资源和学习的能力。在基础教育阶段,很多知识都可以在生活中找到,因此在教学中教师应该把课本知识和学生的生活结合,让学生自己去做、去发现、去研究、去感悟。教育应该在此基础上进行,充分尊重和依循生命的本质,教育才可能是"人的教育"。

学本课堂注重展示对话学习方法,创建"说的课堂",通过生生对话、师生对话来解决问题,建构知识,培养能力,发展情感,要求学生在单位时间内完成学习任务。这种以说为主线的对话课堂拉动了每个学生的思维系统,激活了每个学生的思维潜能。

学本课堂培养了学生的学科思辨能力，最终使每个学生都能够能言善辩，富有较强的语言表达能力，给每个学生搭建了思维绽放的平台。学本课堂注重小组合作团队学习机制建设，在角色上进行了大胆创新，引入了学科长这一关键性角色，使每位同学都成为合作学习的主人。这种机制创新，超越了个体接受式教学范式，走向了团队发现和团队成功的学习方式，为小组和班级全体成员的成功合作搭建了良好的学习平台。

总之，学本课堂以新观念、新思路、新方法投入教学，适应了现代教学改革的需要，使学生获得提高。

教育新模式

——学本课堂

2020级19班　吕悦

麒麟高中,一个充满探索的学校。怀着对未来的憧憬和向往,我步入了高中——一个梦开始的地方。在这里,我知道了一种除传统课堂以外的新的课堂模式——学本课堂。

学本课堂是指以学习者为本的课堂。这里的学习者不是单纯地指学生,而是指教师、学生和直接参与者。也就是说,在学本课堂中,没有纯粹的教师,教师身份将发生本质性变化,教师是大同学。具体而言,学本课堂就是教师和学生协同合作,共同围绕着核心问题开展自主性的探究学习,在单位时间内解决问题,实现学习目标,促进教师和学生共同成长的课堂。在师生关系方面,学本课堂有别于教本课堂,师生关系不是上对下的长幼关系、授受关系,而是真正意义上的民主、平等、人文和谐的发展关系。师生为了共同的目标而相互合作,相互帮助,追求的是一种真学习。在教学关系方面,师生之间不是那种传授和告知关系,而是合作学习、共同建构知识发展能力的关系。

师生共同创建小组合作团队学习机制,创建人文、自由、开放、多元、灿烂的学习氛围,学生实现了真实、自由、自主的阳光学习。学生站在了课堂中央,真正成为学习的主体,自主学习时学生认真投入、深度思考;合作学习时,学生讨论探究、交流互动;展示环节部分,学生落落大方、非常自信。可以说,学生的这种素养并非一日之功。学本课堂学习的最终目的是让每位学习者的生命得到精彩绽放。

"学本教育"是随着课程改革和素质教育的发展而形成的创新理念。"学本教育"的概念、内涵、特点、发展性、前沿性以及"学本教育"独特的课堂教学模式均表明:"学本课堂"模式是中国当前先进的教育教学理念。以学生为本,了解学生特有的心理,尊重学生特有的个性,提供适合于学生的教育,帮助学生充分发挥生命潜能。

对于我们学生来说,这是一种全新的且充满刺激的学习体验;对于教师团队而言,这是一个新的挑战也是个全新的教学体验。教师的功在课前备课,效在课中导学,果在课后拓展;学生的功在课前预习,效在课中展学,果在课后回归。

我们学生要注意:工具单要合书而做,要做到预习中暗展、讨论中预展、展示中明展的展学三境界,展讲要采用"1+3+1"模式,训练思维;把每节课当成高考考试的口答课,充分使用"查、画、写、记、练、思"结构化预习六字诀。在学本课堂的实践和探索中,我们和老师们携手共进,慢慢地从稚嫩走向成熟,从摸石头过河到昂首阔步。践行高效的学本课堂也将会让我们的成绩取得质的飞跃。学本课堂,让学生成为学习的主角,我们砥砺前行,张开双臂,拥抱学本课堂更好的明天!

体验新型学习模式

——学本课堂有感

2020级19班　李晨

学本课堂，是指以学习者学习为中心的课堂。这里的学习者不是单一地指我们学生，而是包括教师、学生和直接参与者。学本课堂是学习型课堂，是能够让我们学生、教师及参与者学会学习，学会终身学习的课堂。自我入校以来，便开始体验学本课堂，我受益颇丰。我提高了自身的学习能力与素养，还加强了我与他人交流合作的能力。我切身体会到"纸上得来终觉浅，绝知此事要躬行"。

首先，在课前结构化预习的过程中，我摆脱了过去一味接受老师灌输的学习模式。在应用学本课堂模式后，通过结构化预习六字诀"查""画""写""记""练""思"，我对课本进行了初步浏览，并感知教材，勾画重点，精读教材，初步理解教材，对课本知识、重难点有了大概的了解。之后上课的课堂效率有了很大的提高，我也能够抓住并掌握重难点，这些也为课后的复习巩固奠定了坚实的基础。

其次，是不可或缺的小组讨论环节。我们可以在小组讨论环节中校对答案，各抒己见。这样一来二去，便产生了激烈的讨论，在不同思维的碰撞中，如此一来，一些问题便会迎刃而解。同时我们也能发现自身的不足或存在的问题，在今后的学习生活中逐步改善。

再次，是课堂间的互动交流。在以往的学习中，老师是课堂的主体，我们只能听取老师的方法、感受与经验，我们的想象力与自主思考能力受到了限制和约束。在我校引入学本课堂后，老师成为大同学，我们学生成为课堂的主体，在学术助理的主持下，我们能够自由地发挥，我们的能力得到了提升。除此之外,在合作探究,交流互动、激烈讨论的过程中,同学之间的关系也渐渐发生了变化,或认可、或赏识、或敬佩、或崇拜,班级的凝聚力增强了。

　　最后,是我对学本课堂的总体感受。学本课堂模式充分地发挥了我们学生的主体作用,我们的表达交流能力提升了,学习能力也加强了。原本枯燥、无趣的课堂变得充满生机活力。希望同学们能把握好现有的机遇,勇敢迎接学本课堂下的自我挑战,突破自我,在我们即将迎接的高考中,取得好成绩!

学本·教魂

——学本课堂的心得体会

2020级20班　任玲丽

山间的清风送来明月,落日的余晖送来美景,麟高的学堂送来"教魂"——学本课堂。

学本课堂对我们的个人能力提升是非常有帮助的。比如,有一次我们在语文课上学习关汉卿写的旦末戏——《窦娥冤》,课前同学们按要求运用"阅读六字诀"预习了文本,课上同学们分角色进行表演,其他同学有滋味地看着,其中一个扮演窦娥婆婆的男生悲痛地喊出"天那,兀的不是我媳妇儿",把全班逗得哄堂大笑,真是一场精彩绝伦的表演啊!同学们融入角色当中,体会着人物的"悲",既展现了自己的表演才能,也深刻体悟了人物的思想感情。在对文本的分析过程中,大家都有了更深的体会。每一节课同学们都有机会起来展讲,也许刚开始会胆怯、羞怯、不好意思,但经过多次展讲后,逐渐有了经验。在这个过程中,我们一次又一次练习如何"说话",这有助于我们条理更分明,思路更清晰。

还有一次上数学课,我们学习立体几何,在小组讨论完毕后学术助理组织同学起来展讲,上台讲题的同学展讲声音洪亮、思路清晰,赢得了其他同学如雷鸣般的掌声。这就是学本课堂的展讲环节,也是给同学们的锻炼环节。当然,不是说只有优秀的同学才有机会上台展讲,那些基础稍差一些的同学也有机会上台展讲。其实,这些都是非常有价值的成长经历。

"不懂就问,不会就学",这就是学本课堂教给我们的学习理念。

在"预习评价,合作讨论"环节,大同学布置完学习任务后,学科长组织本小组成员开始讨论,并有计划地给小组同学布置任务。根据实际情况,基础好的同学就负责较难的题,基础稍微薄弱的同学就负责简单的题。这样的团队学习有利于促进同学间相互关心,互相帮助。

　　平时在班级中大家也是按小组划分,抱团学习。在学本课堂不断改进的过程中,我们还采用了一套"奖惩激励机制",简单来说,就是个人行为代表全组,表现好了就加分,表现差了就减分,最后一名的小组星期天下午提前一个小时入校学习,第一名的小组奖励学习用品。这让一些老违纪的同学也不好意思了,因为扣分不仅关乎自己,也关乎小组。这样一来,我们逐渐培养了大家的团队意识,做事的时候从大局出发,不因一己私利而损害到整个小组的利益。在学习生活中,小组的力量也是巨大的。

　　其实,学本课堂可以激发我们自身的潜能,在经历了数次失败后,我们依然可以说"我能行",除了自我能力的提升还有精神的支持外,这种支持,来源于身边同行的每一个伙伴!

　　这就是麒高的"教魂"———学本课堂!

道在日新　不新不立

2020级20班　田子怡

随着时间的推移，我们发现创新意识变得越来越重要。文学需要创新，生活上需要创新，同样，学习也要创新，为此，我校导入了一种新的教学模式——学本课堂。

那么，什么是学本课堂呢？即在课堂教学中以学生为主体，高度关注学生的学习状态，重在培养学生的学习品质，着力指导学生自主学习，并以此为基础展开教学活动的一种学习模式。在学本课堂上，教师作为大同学和学生协同合作，共同围绕核心问题开展自主性的探究学习，在单位时间内解决问题，实现学习目标，促进师生共同进步。

学本课堂贯穿于课前、课中、课后。在课前，同学们要自学，即运用"阅读六字诀"预习文本，"阅读六字诀"是指：查、画、写、记、练、思六个步骤，这样真正地把"眼到、口到、心到"落到了实处。预习完文本，大多数同学会提前完成预习任务，完成"问题导读评价单"。

而课堂中又分为两种课型，一种是"问题发现—评价课"，另一种是"问题解决—评价课"。我作为本班的语文学术助理，不仅要在课前跟大同学沟通好本节课的学习任务，还要熟悉课堂的各环节，起到一个引领作用，在这样的学习过程中，我变得更加自信、更加负责了。

在课堂上，我们分为了不同的小组，同学们能更好地进行小组合作学习。各小组都有各自独特的组名，组歌，有共同的奋斗目标，有明确的分工，我们的积极性大大增强了。接下来便是展学，同学们都能站在教室的最中心发展自己的观点，这大大提高了我们自我表达的能力。我们也从一开始的紧张、害羞变得落落大方，从容不迫。其他同学在倾听时，也可以提出自己不同的观点，碰撞出思想的火花。

在课后，同学们一改往日死气沉沉的气氛，都主动围绕大同学询问问题。同学们还可以完成"拓展单"上的问题，巩固知识。

犹记得，我们刚接触学本课堂时，更多的是陌生与否认，但随着时间的推移，我们养成了课前认真预习的好习惯，我从害羞变得自信从容，从不爱思考到自主提问，自主学习……学本课堂带来了许多好处，提高了我们的学习效率。

在走进学本课堂的过程中，除了课前的预习准备，课中的积极交流，还有许多需要我们不断深入思考的地方。

面对学本课堂中的问题和困难时，我们要冷静思考，勇于实践，善于总结，不断发展创新，使学本课堂改革更好地与学习相融合！

创新学习,改变未来

2020级22班　陈国宏

学本课堂在我的高中生涯中,不知不觉已经走过了三个学期。现如今的课堂上,我们已经能够做到:坐立自如,高效讨论,流利展讲,大胆质疑,合作交流,共排万难。那些规范的流程与环节,以及熟烂于心的课堂语言,构成了标准的学本课堂。

回望进入高中以前的课堂方式,每一节课,老师一个人讲,全班学生听。这样传统的教学方式,对于会学、爱学的学生来说,当然没有什么问题。但更多的学生不愿动脑筋思考,只是一味地被老师牵着鼻子走。这种被动学习,被动接受知识的方式,会导致学习低效,学生还常常出现上课走神、发呆的情况。在这样的课堂上,老师具有相当大的权威,师生关系因此变得紧张,学生有很大的压力,情绪处于紧绷状态,这也是学习低效的原因之一。

而现在的学本课堂,便是对传统模式的一次创新,小组制合作学习,学生融入小组,积极参与组内讨论探究,"众人拾柴火焰高",团队的力量从来都是不可小看的,我们不仅可以齐心协力面对难题,还有了团队意识和互帮互助的精神。上台展讲是我特别喜欢的一个环节,我们走上讲台,大胆说出自己的想法,与同学交流讨论,而作为"大同学"的老师,则是像"字典"一样在旁边只进行补充和纠错。这样的课堂方式,调动起了每一位学生的积极性,让学生会表达、会交流、会思辨、能竞争。另外,我们还必须做到课前结构化预习,包含查、画、写、记、练、思六个步骤。这种预习方式能让我们在课前就已经基本掌握要学的内容。这样预习过后,我们在课堂上便能大大提高听课效率和我们的自主学习、独立思考的能力。

学本课堂培养了学生的思维能力,学生在学本课堂中接受过训练后,今后参加工作,就会喜欢动脑,善于思考问题,具有创新意识。学本课堂还培养了学生的学习兴趣和探究意识,学生即使离开了学校,依然能对生活有兴趣、有热情,有实践能力。

  学本课堂弥补了传统课堂的不足,也创新了学习方式。我相信,学本课堂定会给我们的未来画上浓墨重彩的一笔。